THORSTEN GEIER
kleintierverlag.de
Fachverlag für naturnahe Tierhaltung

Rita Klein

BUCHSTABEN-TIERE

Ein Schildkröten-Krimi

THORSTEN GEIER
kleintierverlag.de
Fachverlag für naturnahe Tierhaltung

Buchstaben-Tiere
Ein Schildkröten-Krimi
1. Auflage 2021

Kleintierverlag Thorsten Geier
Biebertal 2021
ISBN 978-3-944484-26-6

Text: Rita Klein
Zeichnungen: Marina Wettstein

Fachverlag für naturnahe Tierhaltung
Postfach 11 11, 35441 Biebertal
Telefon: +49 (0)6409 6619485
E-Mail: info@kleintierverlag.de
Internet: www.kleintierverlag.de

Buchgestaltung und Druck:
L&W Druck GbR, Bad Endbach-Hartenrod

FSC
www.fsc.org
FSC® C020637

klimaneutral
natureOffice.com | DE-108-23RBD7R
gedruckt

Eigentlich wollte ich einen Balkon haben – wie meine Liebe zu Schildkröten begann

DEZEMBER 2018

2.000 Euro liegen in der Spardose bereit. Im Frühling kann dann endlich der Bau meines Balkons beginnen. Ich freue mich darauf. Endlich bekommt die Balkontür im Wohnzimmer einen Sinn, man kann sie benutzen und ins Freie treten, ohne 3 Meter in die Tiefe zu stürzen.

Dann beim Familientreffen die verhängnisvolle Frage von Sabine, der Frau meines Neffen:
„Rita, kennst du jemanden, der 19 Schildkröten aufnehmen kann?"
„Nein, ich kenne niemanden."

JANUAR 2019

Es steht wieder ein Familientreffen an. Seit vier Wochen spuken mir die 19 Schildkröten im Kopf herum. Ich habe oft an sie und ihr Schicksal gedacht. Deswegen ist meine erste Frage, als ich Sabine sehe:
„Hast du schon einige Schildkröten vermitteln können?"
Die Antwort haut mich von den Füßen: „Die Schildkröten sollen alle zusammenbleiben. Sie lieben sich so. Wenn sie nicht zusammen vermittelt werden können, sollen sie nach der Starre eingeschläfert werden".

Der Gedanke, dass kein Tierarzt so etwas tun würde, kommt mir in diesem Moment nicht. In meinem Gehirn legt sich ein Schalter um und ich brenne. Diese Tiere müssen gerettet werden.

In den folgenden 4 Wochen drehen sich meine Gedanken nur um Schildkröten. Einiges weiß ich schon über die Tiere. Nicht umsonst schaue ich Zeit meines Lebens jede Naturdoku im Fernsehen, lese gern und viel und nutze das Internet als Enzyklopädie. Die grundlegenden Fragen sind schnell beantwortet: Ist der Garten groß genug? Ja! Ist Strom im Garten für die Wärmelampen vorhanden? Ja! Na prima ... ich könnte sie aufnehmen?!? 2.000 Euro liegen bereit, damit kann ich ein Gehege bauen.

FEBRUAR 2019

Der Entschluss ist gefasst. Mein Sohn hat mir versichert, die Schildkröten zu übernehmen, wenn ich mal auf einer Wolke das Hosianna singe. Ich rufe Sabine an, verkünde ihr die frohe Botschaft, damit sie die Besitzer der Schildkröten informiert. Am gleichen Tag noch ruft sie zurück und berichtet von der begeisterten Reaktion und der überschäumenden Freude der Besitzer. Ich bekomme die ersten Bilder zugemailt und bin entsetzt. Ich sehe höckerige Schildkröten auf einem Rasenstück sitzen und sie schmausen KOPFSALAT. Dann kommt ein Video an und ich sehe den Lebensraum der Tiere. Erbärmlich. Ein Rasenstück mit Pflanzsteinen in 2 Hälften getrennt.

An der Seite einige Schlafhäuser. Ein Gewächshaus. Das war's. Von dem natürlichen Habitat weit, sehr weit entfernt. Ich maile zurück und frage nach den nun überflüssigen Wärmelampen aus dem Gewächshaus. Leider ist das gar kein Gewächshaus für die Schildkröten mehr, erfahre ich dann. Früher, ganz früher, als der Vadder noch gelebt hat, da war das Haus für die Schildkröten. Jetzt ist es seit Jahren für die Tomaten. Ich kombiniere: Kalthaltung!

Das Herz rutscht mir in die Hose. Kalthaltung und falsche Ernährung bedeutet meistens kranke Tiere. Todkranke Tiere. Nun mache ich etwas, was ich nie tun wollte. Ich melde mich in einer Gruppe in den sozialen Medien an und lande gleich einen Glückstreffer. Stundenlang, tagelang, nächtelang sitze ich am PC und lese, lese, lese. Ich lerne: Kalthaltung verursacht Nierenschäden und Gicht. Tierarztkosten in astronomischer Höhe werden auf mich zukommen, die 2.000 Euro schmelzen in meinen Gedanken auf ein winziges Centhäufchen zusammen. Ich überlege, von dem Handel zurückzutreten. Aber diese 19 Schildkröten, von denen ich bisher nur Bilder gesehen habe, haben sich schon in mein Herz eingenistet. Ich will sie haben, will sie retten, will ihnen ein artgerechtes Leben bieten. Das bedeutet: Sparen beim Gehegebau. Die tollen Frühbeete und die exklusiven Gewächshäuser kann ich mir aus dem Kopf schlagen, genauso wie die mediterran angehauchte Gehegeeinfriedung. Gebrauchte Holzdielen für die Umrandung (130 qm sind zu sichern), ein umgerüstetes gemauertes ehemaliges Pumpenhäuslein und ein selbstgezimmertes Schlechtwetterhaus müssen reichen. Der Bau kann beginnen.

MÄRZ 2019

Ein Treffen zwischen den Besitzern und mir findet statt. Jetzt erfahre ich die letzten Details aus dem Leben meiner Schildkröten. Es sind ausschließlich Männer! Sie fressen gerne Salat, Tomaten, Gemüse und im Sommer viel Obst, wegen ihres Wasserbedarfs! Sie haben immer gestarrt. Im Außenkeller, in mit Stroh gefüllten Terrarien. 5 bis 6 Monate lang! Papiere gibt es für die Tiere, aber keine Fotodokumentation, für 15 Schildkröten immerhin Schlüpflingsbilder! Ich schlucke und schweige. Bei manchen Menschen ist jedes Wort zu viel. Außerdem habe ich die Befürchtung, dass sie beleidigt abziehen, wenn ich sie belehre. Das wäre schrecklich für meine Schildkröten. Also mache ich gute Miene zum bösen Spiel und lächle, lächle bis zum Gesichtskrampf.

Mein neues Gehege „wächst" nun jeden Tag. Meine Söhne und mein Neffe haben die Umfriedung gebastelt, ich baue Höhlen, Wege, Gebirge aus großen Steinen, Wasserstellen, einen Tunnel und pflanze ein, was ich so im restlichen Garten finde und verwendbar ist. Einiges muss ich kaufen, aber letztendlich entsteht ein passables Gehege für knapp 600 Euro. Das wird für den Anfang reichen. 1.400 Euro stehen jetzt bereit für die Tierarztkosten und die drohenden Überlassungsverträge für die Tiere.

07. APRIL 2019

Sie sind da. In 3 großen Wäschekörben werden die 19 Jungs gebracht. Die „Nochbesitzer" sortieren die 19 in die zwei Gehege ein. Sie werden getrennt in 10 Kleine und 9 Große. Meine Information lautete 7 Kleine, 12 Große. Also habe ich ein kleines innenliegendes Gehege für die Kleinen und ein großes äußeres Gehege für die Großen gebaut. Egal, das muss jetzt so gehen. Relativ schnell sind die „Nichtmehrbesitzer" wieder weg und ich bin mit meinen Jungs alleine. Das Abenteuer kann beginnen.

Mutter werden ist nicht schwer, Mutter sein dagegen …

07. APRIL 2019, nachmittags

Verzückt stehe ich am Gehege und beobachte die ersten Schritte meiner „Kinder". Sie laufen – überraschend schnell – durch das Gelände und erkunden ihr neues Reich. Da wird über die Baumstämme geklettert und die Hügel erklommen. Ich muss lächeln bei dem Gedanken an die Worte der Vorbesitzer: „Am besten keine Klettermöglichkeiten anbieten, die fallen dann auf den Rücken und können sich alleine nicht mehr umdrehen."

Ich bin erstaunt über die Agilität der Jungs. Auf den ersten Blick wirken sie nicht krank auf mich. Sie sind sehr höckrig und beim genaueren Hinsehen erkenne ich übermäßige Schnäbelchen und Schnäbel. Heute will ich sie nicht noch mehr stressen, der Tag war schon anstrengend genug für sie. Immerhin sind sie ja erst gestern aus der Starre gekommen, wurden gebadet und mussten dann eine Nacht in ihren Schlafhäusern auf Rindenmulch gebettet bei 3 Grad im Freien verbringen – alles andere als gut für die Schildkröten. Und dann heute noch die Autofahrt in den Wäschekörben hierher. Das ist Stress genug. Also lasse ich sie den ganzen Nachmittag laufen. Das Wetter ist schön, ein wundervoller Frühlingstag.

Mittlerweile habe ich die Wärmelampen im alten Pumpenhäuslein eingeschaltet und die Schlafhäuser, die die Vorbesitzer mitgegeben haben, darin aufgestellt. Leider ist das Schlechtwetterhaus nicht fertig geworden. Ich hatte ja erst nächste Woche mit den Schildkröten gerechnet. Also müssen alle 19 in die winzige Hütte. Am Ende unseres ersten gemeinsamen Nachmittags laufen 12 Schildkröten freiwillig unter die wärmenden Baustrahler und den restlichen sieben Tieren verhelfe ich zu ihrer ersten Nacht mit künstlicher Wärme, die ich mit einem alten Elektroheizstrahler erzeuge.

08. APRIL 2019

Unser erster ganzer gemeinsamer Tag beginnt. Die von einer Zeitschaltuhr gesteuerten Wärmelampen schalten sich ein, ich stehe erwartungsvoll im Gehege und warte auf meine ausgeschlafenen Schildkröten. Und warte. Und warte. Es tut sich nichts. Also kauere ich mich vorm Häuslein nieder und linse hinein. Alle liegen entspannt und friedlich neben-, auf- und übereinander und tanken Wärme.

Meine „Jungs", die nie eine Wärmelampe gesehen haben, genießen und schweigen. Und wieder denke ich an eine Aussage der Vorbesitzer: „Unsere Schildis sind robust, wenn es zu kalt ist, schlafen sie einfach in ihren Schlafhäusern, ist ja Rindenmulch drin, da können sie sich eingraben."

Ich freue mich mit meinen Krötchen und ziehe mich zurück auf meinen Beobachtungsposten am Wohnzimmerfenster. Stündlich, dann halbstündlich schaue ich nach den Herren und finde sie immer neu sortiert unter der künstlichen Sonne. Des Mittags läute ich dann eine Baderunde ein. Vielleicht kann ich einen Blick auf das eine oder andere Urat erhaschen. Das würde mir dann ja Aufschluss über den Gesundheitszustand der jeweiligen Nieren geben. In lauwarmem Wasser bade ich dann 3 Stunden lang Schildkröten. Die gebadeten Tiere, dem Schlafhaus entnommen und ins Gehege entlassen, machen sich dann tatsächlich auf Nahrungssuche.

Beim Baden habe ich ausgiebig Gelegenheit, meine Kleinen und Großen einer genauen Musterung zu unterziehen. Die Schnäbelchen sind teilweise grotesk. Die Panzer höckerig, bei manchem zu flach und einer sieht aus wie ein Pfannkuchen. Und dann gibt es noch einen, dem fehlen die halben Vorderbeinchen. Auf kurzen Stümpfen wackelt er herum, sein Panzer ist ganz hochgewölbt, aber komisch geformt. Es wirkt, als säße er falsch herum drin. Auf dem Rückenpanzer aller Schildkröten prangen bunte Farbmarkierungen. 3 blaue Punkte senkrecht, 3 rote Punkte waagrecht, 1 gelber Punkt in der Mitte usw. usw. Damit komme ich nicht klar, das kann sich ja kein Mensch merken. So kann ich die Tiere nie unterscheiden. Ich beschließe, sie mit den Buchstaben A-S zu kennzeichnen. Das erleichtert die Dokumentation, die ich zu führen beabsichtige.

Der Abend naht, einige Schildkröten finden wieder alleine in ihr Schlafhaus, andere haben sich im Gehege eher schlecht versteckt. Schnell habe ich alle gefunden und zu Bett getragen. Noch das

Schlafhaus verrammeln und dann gehe ich zum hundertsten Mal an diesem Tag die Treppe nach oben und suche zum letzten Mal an diesem Tag meinen Beobachtungsposten auf. Noch ein letzter Blick auf das Gehege. Gute Nacht, Jungs. Bis morgen.

09. APRIL 2019

Heute ist Wiegetag und Fotodokumentation angesagt. Alle 19 werden auch ihren Buchstaben bekommen. Wie gestern auch verlässt keiner freiwillig den Platz unter der Höhensonne. Am späten Vormittag lege ich eine Futterspur, um sie heraus zu locken. Nach Augenmaß suche ich mir den Größten heraus und beginne mit A. A sieht wunderbar aus. Ein Panzer so rund wie eine Bowlingkugel. Sein Alter? Keine Ahnung. Die Papiere der Schildkröten bekomme ich erst nächste Woche. Das Wiegen dieses Riesenkerls erweist sich als schwer bis unmöglich. Mir fällt der Tipp aus der Facebookgruppe wieder ein und ich benutze eine Rolle Paketband als Wegfahrsperre. Es funktioniert gut und ich kann A's Gewicht mit fast 1,5 kg ermitteln. Jetzt die Fotos. Er bekommt seinen Buchstaben auf den Panzer gemalt. Karopapier ist auf dem Tisch festgeklebt. Ich setze A auf das Papier, greife nach dem Fotoapparat und halte mit der anderen Hand A fest, der verzweifelt versucht zu fliehen. Kaum löse ich die Hand vom Panzer, um mit 2 Händen fotografieren zu können, sitzt der Kerl schon wieder schief auf dem Papier und ich muss ihn zurecht rücken. Ein ungleicher Kampf beginnt. 4 Beine gegen 2 Hände. Nach etwa

20 verwackelten, unscharfen Bildern gelingt endlich eine Aufnahme. Jetzt brauche ich noch das Foto vom Bauchpanzer. Hier kommt wieder die wertvolle Paketbandrolle zum Einsatz. A liegt auf dem Rücken, ich kann meine Hände von ihm lösen und das Foto machen. Er rudert wie verrückt mit den Beinchen, faucht und wirft sich ruckartig herum. Auch hier braucht es einige Fotos, bis ein vernünftiges dabei herauskommt. Jetzt noch ein einziges brauchbares Bild von seinem Schnabelgesicht. Ich klemme mir das sich heftig wehrende Tierchen irgendwie unter den Arm und mache ein einziges Foto. Zu mehr fehlt mir die Kraft. Ich entlasse A in das Gehege und untersuche das Urat, das er mir als Abschiedsgeschenk direkt in die Hand gedrückt hat. Schön cremig, danke A. Völlig erschöpft lasse ich mich auf einen Gartenstuhl sinken und mir wird bewusst, dass diese Fotodokumentation nicht ganz so schnell erstellt sein wird.
Mein Atem beruhigt sich langsam, ich erhebe mich, steige über die Gehegeumrandung und mache mich auf die Suche nach dem nächstgrößten.

Am Ende des Tages habe ich dann doch alle Buchstaben auf die Panzer gemalt, alle sind gewogen und von jedem habe ich 3 mehr oder weniger gute Fotos von Bauchpanzer, Rückenpanzer und dem Schnabelgesicht. Das laminierte Karopapier wurde mehrmals mit Urat benetzt… immer schön cremig. Das beruhigt mich ungemein, vielleicht haben die kleinen Nieren durch die Kalthaltung ja doch keinen Schaden erlitten. Die Schnäbel muss der Tierarzt auf jeden Fall korrigieren. Nur zwei von 19 Schildkröten sehen ganz gut aus.

Den Abend dieses erschöpfenden Tages verbringe ich wieder einmal mit meiner Facebookgruppe. Die engagierten Admins begutachten die Bilder meiner Tiere und helfen mir bei der Auswahl, welches den Tierarzt am dringendsten nötig hat. Den mit Reptilien erfahrenen Tierarzt habe ich mir auf einer Liste, die die FB-Gruppe zur Verfügung stellt, ausgesucht und bei einem Telefonat erfahren, dass ich immer nur mit sechs bzw. sieben Tieren vorstellig werden kann. Mehr Tiere würden den Rahmen sprengen. Die Spezialisten finden auf den Bildern noch ein Tier (D) mit einer verletzten Kloake und C hat eine Verletzung am Bauchpanzer. Ausgestattet mit dem Wissen um die Reihenfolge für die 3 Tierarztbesuche falle ich ausgepowert in das noch ungemachte Bett und verdaue die Mahlzeit, die mein Mann zubereitet hat, denn auch dafür fehlte mir heute die Zeit.

10. APRIL 2019

In der Nacht habe ich von Maden geträumt. Maden, die sich in offenen Wunden tummeln. Noch im Schlafanzug richte ich ein Notgehege im größten Wäschekorb meiner umfangreichen Wäschekorbsammlung ein. Mit Zeitungspapier ausgelegt, bestückt mit Wasserschale und Kartonhäuschen wartet es jetzt auf den verletzten D. Kaum sind die Tiere erwacht, pflücke ich den Unglücklichen aus der Menge und quartiere ihn ein. Seine Kloake ist wund und hat wohl auch geblutet. Der Anruf beim Tierarzt erfolgt pünktlich zur Öffnungszeit und ich höre zum ersten Mal die niederschmetternden Worte:

„Der Tierarzt ist in Urlaub, aber die Vertretung, die keine Schildkrötenerfahrung hat, kann ja mal darauf schauen."
Eine Stunde später sitzt D auf dem riesigen Behandlungstisch, die Vertretungstierärztin versorgt ihn und mich mit Desinfektionsmittel und Wundsalbe, bestätigt mir die Haltung auf Zeitungspapier bis zum Verheilen der Wunde und gibt mir einen wertvollen Fütterungsvorschlag mit auf den Heimweg: Kohlkopf soll ich ihm füttern. Ich zahle 44 Euro, habe zwei Medikamente in der Tasche und D wohnt die nächsten drei Tage bei mir im Wohnzimmer und langweilt sich dabei fast zu Tode. Die Tierarzttermine für die restliche Bande finden erst Ende des Monats statt. Die Vertretung kann keine Schnäbel korrigieren. Da alle Tiere gut fressen können, kann ich den Termin so akzeptieren. Ich würde ungern einen anderen Reptilienspezialisten aufsuchen, denn der von mir ausgesuchte Tierarzt ist nur 10 km von mir entfernt.

In den nächsten Tagen verbringe ich viel Zeit mit meinen Schildkröten im und am Gehege. Mein Sohn hilft mir, das Schlechtwetterhaus fertig zu bauen. Jetzt müssen die Tiere sich nicht mehr den wenigen Platz teilen. Nachts verteilen sie sich auf die 2 Häuschen und ich muss abends immer weniger von ihnen aus ihren schlechten Verstecken holen. Mit dem Fotoapparat bewaffnet dokumentiere ich bei schönem Wetter bei den Großen sehr viele sexuelle Aktivitäten. Je wärmer die Tage, desto aktiver sind die Männchen mit ihren sinnlosen Vermehrungsversuchen beschäftigt. Jeder darf mal ran und jeder muss auch mal herhalten. Jetzt weiß ich auch, wo D seine Verletzung her hat. Er ist inzwischen wieder im Gehege dabei und ist bedeutend zurückhaltender. Aus Erfahrung wird man wohl klug.

13. APRIL 2019

Die Vorbesitzer haben mir einen dicken Ordner mit den Papieren der Tiere gebracht. Die angeblich noch massenhaft vorhandenen Sepiaschalen dagegen haben sie vergessen. Die Tiere wurden von ihnen abgemeldet und nun ist es meine Aufgabe, sie wieder anzumelden. Ich weiß ja schon, dass die Fotodokumentation vernachlässigt wurde und die Papiere somit eigentlich ungültig sind. Aber immerhin weiß ich jetzt, wie alt sie sind. Der älteste ist 1990 geschlüpft, zwei sind von 1992 und einer kroch 1998 aus dem Ei. Von diesen vier Kerlchen gibt es keine Bilder. Schlüpflingsbilder gibt es immerhin von den restlichen 15. Davon sind zwei aus 2007, vier aus 2008, drei aus 2009 und sechs aus 2010. Alle diese Bilder sehen in meinen Augen fast identisch aus. Sie sind von schlechter Qualität und bei einigen liegt sogar nur eine miserable Kopie vor. Ich versuche, die Tierchen anhand ihres Gewichts zuzuordnen und scheitere kläglich. Und wieder helfen die sagenhaften Leute aus der FB-Gruppe. Stundenlang studieren sie die Bilder der Schlüpflinge und vergleichen sie mit den Bildern, die ich gemacht habe. Schließlich können tatsächlich viele Tiere den Papieren zugeordnet werden. Ausgestattet mit diesem Wissen und gespitzter Engelszunge telefoniere ich montags mit dem zuständigen Amt und erfahre, dass der zuständige Beamte im Urlaub ist. Das bedeutet eine achttägige Galgenfrist für mich und meinen Geldbeutel. 30 Euro wird ein Überlassungsvertrag pro Tier kosten, also fast 600 Euro. Aber ich habe doch eine klitzekleine Hoffnung, dies abwenden zu können. Vielleicht lässt der Mann ja mit sich reden.

14.–21. APRIL 2019

Ich lerne meine Tiere langsam kennen. Ich erkenne A und C als Chefs in der Gruppe der Großen. G, der Pfannkuchen, hat auch Boss-Ambitionen. Die triebgesteuerten Aktivitäten lassen nach und es beginnen Revierkämpfe. Noch haben sie nicht das ganze Gehege erobert, den ganzen hinteren Teil lassen sie außer Acht. In die letzte Ecke des Geheges baue ich eine Art „stille Treppe". Dorthin trage ich die „böse" Schildkröte, wenn ich in einen Kampf mit Beißerei einschreiten muss. Bis der Verbannte die Gruppe wieder erreicht, vergeht mindestens eine halbe Stunde. Bis dahin hat er meistens vergessen, worum es eigentlich ging! Auf diesem Weg lernen die Chefs das Restgehege kennen. Wenn ich mich nicht im oder am Gehege aufhalte, bin ich auf meinem Beobachtungsposten im Wohnzimmer. Niemand im Haus darf Geräusche machen, damit ich immer auf die Klopfgeräusche der kämpfenden Panzertiere lauschen kann. Bei jedem länger anhaltenden Klopfen sause ich die Treppe hinunter und kontrolliere das Geschehen. So habe ich auch das ein oder andere Mal meinen Nachbarn beim Handwerken erwischt. Bei meinen Kleinen gibt es nur zwei „Rambos", die schon die Freuden der

Fortpflanzung entdeckt haben. Aber meistens haben sie genug damit zu tun, in langen Schlangen hintereinander herzulaufen, übereinander zu purzeln, den Tunnel zu durchwandern und darauf zu warten, M mit den Stummelbeinchen das Futter abzujagen.

22. APRIL 2019

Der richtige Zeitpunkt für das wichtige Gespräch mit dem hoffentlich kooperativen Beamten ist gekommen. Meine Stimme ist mit Kaffee gesalbt. Wir führen ein nettes Gespräch, in dem ich die Verhältnisse schildere und er kommt zu dem Ergebnis, dass die Papiere so nicht gültig sind und es zu Überlassungsverträgen kommen muss. Einen Überlassungsvertrag hat er jedoch noch nie ausgestellt und muss sich erst schlau machen, was zu tun ist. Wir vereinbaren, dass ich ihm die Papiere mit einer aktuellen korrekten Fotodokumentation aller Tiere vorlege und er sich dann wieder bei mir meldet. Ich teile noch mit, dass bei mir einige Urlaubstage anstehen und das Gespräch ist zu Ende.

23.–28. APRIL 2019

Die Fotodokumentation meiner Schildkröten muss wiederholt werden. Die Bilder, die ich bereits angefertigt habe, sind nicht ganz korrekt. Der Zollstock fehlt, das Gewicht ist nicht vermerkt und den richtigen Winkel habe ich auch nicht immer getroffen. Den Tag der ersten Dokumentation habe ich noch gut in Erinnerung. Es war der totale Stress. Für die Tiere und für mich. Deshalb bereite ich mich dieses Mal besser darauf vor. Ich klebe auf einen stabilen Kistendeckel den Zollstock und das laminierte Karopapier fest. Auf dem Rand des Papiers wird der jeweilige Buchstabe, das Gewicht und das Datum notiert. Und dann gehe ich zu meinen Tieren in das Gehege, besuche entspannt ruhende Tiere und kann sehr schöne Fotos machen. In mehreren Tagen entsteht so eine korrekte Dokumentation. Abends ordne ich die Bilder nach den Angaben der Schildkröten-Experten den vorhandenen Papieren zu. Am Ende dieser Woche kann ich den neu erworbenen Ordner mit den aufbereiteten Papieren meinem netten Beamten bzw. dessen Kollegen übergeben.

29. APRIL 2019

Der erste Tierarztbesuch steht heute auf dem Plan. Die ersten 6 Jungs bekommen ein neues Gesicht. Die Transportkisten sind mit Zeitungspapier ausgelegt, ich rechne mit ordentlichem Angstschiss. Wir fahren los und 30 Minuten später lerne ich den wohl nettesten Tierarzt der Welt kennen. Eine Stunde lang behandelt er ein Tier nach dem anderen, formt Schnäbel, versorgt den Bauchpanzer von C und stellt anhand einer mikroskopischen Untersuchung des reichlich vorhandenen Kots aus den Kisten fest, dass sie entwurmt werden müssen. In meinen Ohren klingt der Satz der Vorbesitzer:

„Wir haben die Schildis jedes Jahr vier Wochen vor der Starre entwurmt".
Am Ende der Woche sind alle 19 Herren entwurmt, 17 von ihnen haben eine Schnabelkorrektur über sich ergehen lassen müssen und alle müssen in 14 Tagen noch einmal zum Entwurmen kommen. Insgesamt habe ich diese Woche 3 Stunden in dieser Praxis verbracht und heute habe ich den Geldbeutel dabei. Der Gott der Tierärzte verblüfft mich mit einer minimalistischen Rechnung. Dieser liebste Tierarzt des Universums hat mir 3 Stunden lang alle meine Fragen beantwortet, hat 3 Stunden lang sein Wissen mit mir geteilt, hat alle Tiere behandelt und mir dann noch ein tolles Futterbuch geschenkt. Mir fehlen die Worte. In meinem Schildkrötengeldbeutel sind noch 1.200 Euro.

30. APRIL–05. MAI 2019

Der Urlaub steht vor der Tür. Das erste Mal in meinem Leben freue ich mich nicht darauf. Bedeutet es doch, dass ich meine Tiere, meine „Kinder", meine mir so ans Herz gewachsenen Lieblinge der Obhut einer ihnen völlig fremden Person überlassen muss. Bei dieser Person handelt es sich um Alex, die mit ihrem Partner bei mir im Haus in der Dachwohnung wohnt. Stundenlang krieche ich durch die Futterwiese im Garten und entferne Pflanzen, die nicht für die Jungs geeignet sind. Zur Sicherheit fotografiere ich alle geeigneten Futterpflanzen und lege auf dem PC einen Ordner an, auf den Alex Zugriff hat. Die Zeitschaltuhren regeln die Wärmelampen, darum braucht sich niemand zu kümmern. Egal wie das Wetter wird, sie sollen strahlen. Schließlich ist tagsüber niemand im Haus und das Wetter könnte umschlagen.

06.–16. MAI 2019

Der Urlaub dauert und dauert und will gar kein Ende nehmen. Erholung ist das nicht. Meine Gedanken sind zu Hause, Alex hält mich täglich auf dem Laufenden. Einmal ist eine Birne im Baustrahler kaputt, sie wird gewechselt. Alles ist in Ordnung, bald bin ich wieder da.

17. MAI 2019

Gott sei Dank! In der Nacht sind wir nach Hause gekommen und mein erster Weg am Morgen führt mich zu meinen „Krötchen". Meine Wiedersehensfreude ist riesengroß. Die der Schildkröten hält sich in Grenzen. Keiner jubelt oder hüpft freudestrahlend durch das Gehege. Nur ich. Wahrscheinlich ahnen sie, dass sie heute wieder einen Tierarzttermin haben. Nachmittags werden alle in große Wäschekörbe gepackt, die „Chefs" unter den Tieren reisen in Einzelboxen. Beim Tierarzt angekommen werden meine „verkackten" kleinen „Scheißerchen" ein letztes Mal entwurmt und noch einmal vom besten Tierarzt aller Galaxien begutachtet. Auf der Heimfahrt befinden sich noch 1.150 Euro in der „Krötenkasse".

20. MAI 2019

Es ist Zeit, beim Amt nachzufragen, ob schon eine Entscheidung in meiner Sache getroffen wurde. Mein netter Beamter ist sofort am Telefon. Und dann sagt er … Trommelwirbel in meinen Ohren …:
„Ich habe die restlichen Schildkröten zugeordnet, das war ja nicht mehr schwer."
(Vielen, vielen Dank an das FB-Gruppen-Team)
„Wir brauchen keine Überlassungsverträge, die Tiere sind jetzt ordnungsgemäß auf Sie angemeldet."
Post an mich sei unterwegs, sagt er noch und den Ordner könne ich abholen.

Eine Haube aus Glückseligkeit senkt sich über mich. Ich habe meine Schildkröten nun offiziell bekommen. Sie gehören zu mir und niemand kann sie mir mehr nehmen.

In der Zeit des Kennenlernens verbrachte ich viele Stunden im und am Gehege und beobachtete meine 19 Schildkröten. Ich stellte fest, dass sie sehr unterschiedliche Charaktere haben. Es gibt neugierige und scheue Tiere. Manche sind lebhafter als andere. Viele laufen mir nach, wenn sie mich sehen. Manche wollen berührt werden, andere nicht. Oft überlegte ich mir, was in ihren Köpfen vorgeht. Mögen sie mich?

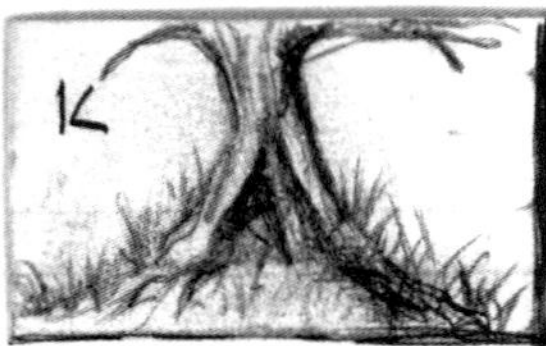

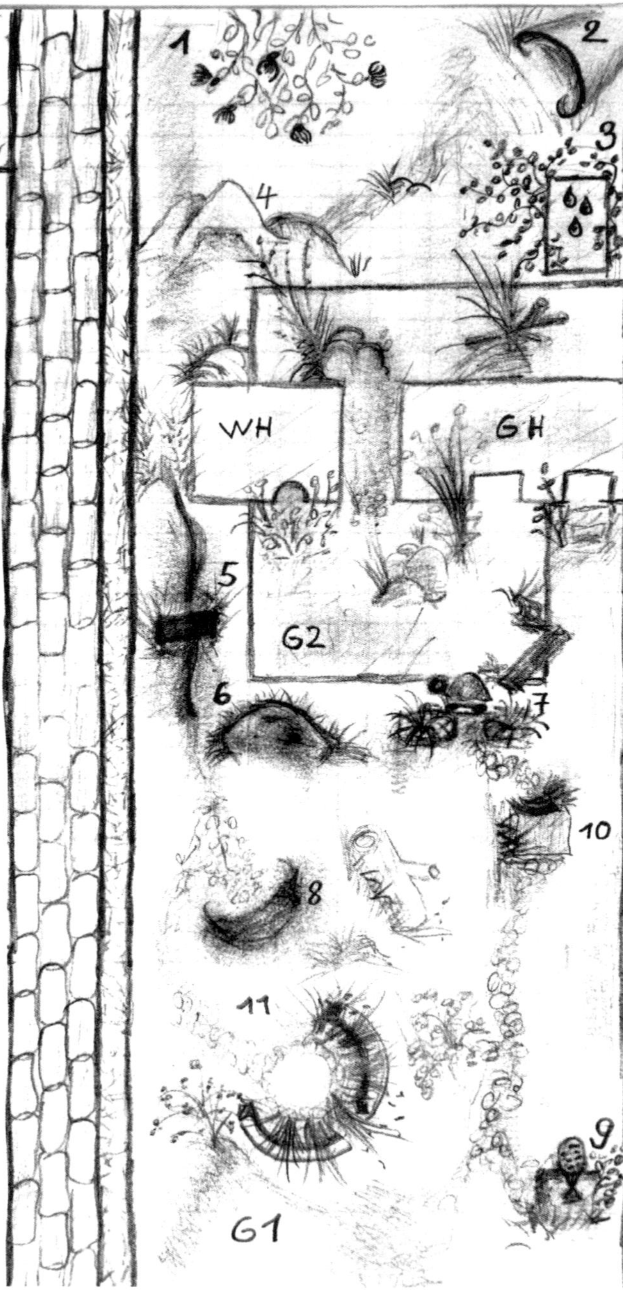

1 Fressbusch
2 Verlies
3 Teich, aus dem es regnet
4 Gebirge
5 Tal des Todes
6 Höhle unter dem Aussichtshügel
7 Höhle der steinernen Schildkröte
8 Stadion
9 Höhle des steinernen Pömpel
10 Flache Höhle
11 Wasserstelle der halbrunden Mauern
G1 DAHEIM
G2 DRÜBEN
GH Haus
WH Fast durchsichtiges Haus
K Kirschbaum

Kapitel 1

JUNI 2019

Buchstaben-Tiere hat SIE aus uns gemacht. Hat uns keinen Namen gegeben, keinem einzigen von uns. SIE nennt uns A und B und C und D usw. bis S. Andere heißen Einstein oder Apollo oder Littlefoot oder Paul. Wir heißen gar nicht. Wir sind die Buchstaben-Tiere. Mir hat SIE ein A auf den Panzer geschrieben. Seit ich hier wohne, hat SIE das schon öfter gemacht. Ich mag es. Es kitzelt ein wenig. Trotzdem schaue ich SIE immer böse an, wenn SIE es macht. Es ist so erniedrigend, nur einen einzelnen Buchstaben zu haben. Aus zweien könnte man ja schon was machen. Al oder As. Na ja, auch nicht besser. Am schlimmsten hat es ja Q getroffen. Q wie Kuh. Als ob Q eine Kuh wäre. Er ist genauso eine Schildkröte wie ich und alle sagen jetzt Kuh zu ihm.

Wir sind 19. 19 Schildkröten und eigentlich gehören wir nach Griechenland. Aaaah, Griechenland. Griechenland ist Freiheit. Griechenland ist das Land meiner Träume. Die Landschaft, die Luft, das Essen... alles super. Wildehilde hat mir viel davon erzählt. Sie hat die Heimat noch mit eigenen Augen gesehen. Als Jungtier wurde sie eingefangen und kam dann in dieses Land und musste wie ich versklavt in Gefangenschaft leben. Hier ist es ganz gut. Die Landschaft erinnert mich ein bisschen an die Heimat. Die Luft nicht. Aber das Essen, das ist hier bestimmt genau so gut wie in Griechenland. Hier gibt es saftiges Grünzeug. Dauernd etwas anderes und ich habe sogar schon Blumen gegessen. Die habe ich vorher gar nicht gekannt.

Vorher – das war das alte Gefängnis. Dort war es eher bescheiden. Die Landschaft war langweilig, die Luft – okay die Luft war gleich – aber das Essen, das war scheußlich eintönig. Der Salat schmeckte nach nichts und es war ewig der gleiche. Das Obst war immer lecker. Nur vertragen habe ich es nicht. Ständig Luft im Darm und Bauchweh. Und kalt war es, saukalt. Nachts kaum zum Aushalten. In meiner Schlafhütte war stinkendes Zeug, da konnte man sich nicht eingraben. Das kitzelte in der Nase und mir wurde immer schlecht von dem Gestank. Das Zeug nennt sich Rindenmulch und sollte verboten werden. In meiner Schlafhütte musste ich viel Zeit verbringen. Man kommt ja nicht auf Touren, wenn die Temperatur nicht stimmt. Außerdem war es draußen sowieso langweilig. Nur ein Stück Rasen war da. Man kann ja auch nicht den ganzen Tag auf einem Stück Rasen herumlaufen, da wird man ja trübsinnig. Also habe ich viel

gedöst. Am liebsten unter dem Metallding, auf dem der Gartenschlauch aufgerollt war. Zwei Mal am Tag gab es Essen, das war es dann an Abwechslung. Öde, total öde.
Hier ist es wirklich besser. Ganz schön viel Platz haben wir. Ich bin jetzt drei Monate hier und habe immer noch nicht alles gesehen. Neun Höhlen soll es hier geben, soll SIE gesagt haben. Sechs davon habe ich erkundet. Von zweien weiß ich, wo sie sind, wage mich aber nicht hinein. Da wächst so viel Grünzeug davor und die Höhlen sind groß und dunkel. Und die letzte kann ich einfach nicht finden. Diese Höhle ist bestimmt die beste. In der könnte ich vielleicht überwintern. Einer meiner Kameraden hat gehört, wie SIE sagte, dass wir draußen überwintern werden. Das habe ich auch noch nie gemacht. Vorher – im alten Gefängnis – starrte ich immer in einem Glaskasten voller Stroh. Stroh ist furztrocken und kitzelt auch in der Nase. Wenigstens stank es nicht.

Mein neues Zuhause nenne ich DAHEIM. DAHEIM ist es schön. Das Schönste sind wohl die Häuser. Zwei Stück gibt es. Dort ist es warm. Dort scheint eine Sonne. Wenn mir kalt ist – und mir ist oft kalt in diesem Land – dann gehe ich in ein Haus und wärme mich auf. Das ist der Himmel auf Erden. Wenn ich aufgewärmt bin, kann ich eine Weile nach draußen und Essen suchen. Das wächst in meinem DAHEIM. Es ist immer frisch und knackig, im Gefängnis war es immer schnell welk und knatschig. DAHEIM kann ich mir bei schönem Wetter, wenn die Himmelsonne da ist, draußen total gut die Zeit vertreiben. Wenn ich gerade nicht esse, kann ich meinen Kumpels hinterherlaufen und mir vorstellen, es wären Mädels. Wenn es mich dann überkommt, ist immer einer da, der stillhält. Da kommt keine Langeweile auf. Und der Druck ist dann auch weg. Ich gehe auch gerne klettern. Oder ich schleiche die Dschungelpfade entlang. Im Dschungel sind Wasserstellen versteckt. Da kann man auch mal in Ruhe baden und keiner schaut zu. Eine Ecke im Dschungel gehört nur mir und ich habe immer ein Auge darauf. Die anderen dürfen kurz durchlaufen, aber wenn sich einer dort niederlässt, gibt es Ärger.

DAHEIM vergeht ein Tag wie im Flug. Nachts bin ich natürlich in einem Haus. In einem warmen Haus mit richtiger Erde. Da kann ich mich gemütlich eingraben. Ich muss auch keine Angst haben, dass mich der Marder holt, denn abends kommt SIE und verschließt den Eingang. Vor Mardern und Ratten habe ich richtig Angst. DRÜBEN, im anderen Teil von DAHEIM wohnt der stumme Stummelfuß. Dem wurden die Vorderfüße abgefressen. Der arme Kerl humpelt seit dieser Zeit auf seinen Stümpfen herum und beim Fressen hat er echt Probleme. Dieses traumatische Erlebnis hat ihm auch seine Stimme geraubt. SIE bringt ihm immer Extrafutter. Das ist nett von SIE. In meinem Teil von DAHEIM sind wir zu neunt. DRÜBEN wohnen auch neun und der stumme Stummelfuß. Die neun sind noch jung, einige davon sind wahrscheinlich mit mir verwandt. Ihre Mütter waren alle heiße Bräute und ich hatte mit mancher ein Techtelmechtel. Die Mädchen aus unseren Gelegen wurden von unseren Wärtern immer verkauft und irgendwann waren auch meine Frauen und Wildehilde weg. Übrig geblieben sind wir 19 Männer und Jungs.

Kapitel 2

07. APRIL

Den Tag, an dem wir in unser DAHEIM eingezogen sind, werde ich nie vergessen. Am Tag zuvor waren wir aus dem Keller nach oben ins Licht geholt worden. Wir waren alle schon wach und saßen auf dem kitzelnden Stroh und haben gewartet. Nacheinander wurden wir alle zwangsgebadet und anschließend mussten wir in unseren Schlafhäusern auf dem stinkenden Zeug bei eiskalten Temperaturen übernachten. Fast wäre ich wieder in die Starre zurückgefallen, so habe ich gefroren. Morgens wurde es glücklicherweise recht schnell warm und bald konnten wir uns wieder bewegen. Den Salat auf dem Rasen wollten wir aber noch nicht essen. Das irgendetwas in der Luft lag, haben wir alle gespürt. Unsere Halter waren aufgeregt und haben vom Umzug gesprochen. Wie toll es sei. Wie gut wir es haben werden. Wie schön der Garten angelegt werden kann, wenn wir weg sind. Wir wurden dann in Wäschekörbe verfrachtet und mit dem Auto eine Zeit lang durch die Gegend geschaukelt. Wir hatten so Angst. Wäre irgendetwas in unseren Därmen gewesen, hätten wir die Wäschekörbe vollgeschissen.

Das Erste, was mir auffiel, als ich aus dem Wäschekorb gehoben wurde, war der Duft. Ein bisschen wie Wassermelone. Ich liebe Wassermelone. Die gab es im Gefängnis im Sommer fast jeden Tag. Als ich das erste Mal den Boden von DAHEIM berührte, befand sich dieser berauschende Duft direkt vor meiner Nase. Ein lilafarbenes Blümchen verströmte diesen appetitlichen Geruch und ich musste es direkt abbeißen. Der Boden war übersät mit diesen Leckerbissen. Ich vergaß die Tortur des Umzuges und begann zu weiden.

Während ich durch DAHEIM schlenderte und hier und dort ein Leckerchen abbiss, fiel mir auf, wie abwechslungsreich die Landschaft war. Um an einen leuchtenden Happen zu gelangen, musste ich Baumstämme und Mauern überwinden. Meine Leidenschaft für das Klettern war geboren. Ich nahm mir vor, keine Umwege zu laufen. Jede Hürde würde ich überwinden, jeden noch so hohen Berg wollte ich erklimmen, um von oben DAHEIM anschauen zu können. Ich kam an einigen Wasserstellen vorbei. Prima! Wasser gab es im Gefängnis eher selten. Wenn wir Durst hatten, mussten wir auf das Obst warten. Das hat uns dann auch vorzüglich geschmeckt. Nur die Darmkrämpfe danach waren immer schlimm. Ich nahm mir vor, in

Zukunft meinen Durst mit Wasser zu stillen. Ich probierte vorsichtig einen ersten Schluck und stellte fest – frisch, sauber, gut. Trotz des noch kühlen Wetters hatte das Wasser Badetemperatur und so genoss ich das erste freiwillige Bad meines Lebens. Es kam dann noch zum großen Krach, weil Schiefmaul unbedingt auch in meine Badewanne wollte. Aber Schiefmaul hatte damals, wie auch heute noch, keine Chance gegen mich. Er suchte das Weite und ich badete ausgiebig. Erfrischt und sauber inspizierte ich danach weiter DAHEIM. Auf einem Hügel sitzend, konnte ich über die Bretter, die DAHEIM teilten, zu den Kleinen hinübersehen. Auch dort war die Landschaft ansprechend gestaltet. Da waren Höhlen, eine Wasserschale, Steinbauten und Gebüsche. In der Mitte von DAHEIM stand ein gemauertes Zwei-Zimmer-Haus, ein Zimmer für hüben und eins für DRÜBEN. Langsam wurde es an diesem ersten Tag in DAHEIM kühler, die Himmelsonne stand schon nah am Horizont, da fiel mir ein helles Licht in dem Haus auf. Mir war recht frisch, also machte ich mich auf in Richtung dieses Lichts. Licht bedeutet Wärme und die hatte ich jetzt nötig. Ein wenig schwerfällig kletterte ich über Steinstufen in das Haus, in dem die Sonne schien. Einige meiner Kollegen lagen auf einem Steinhügel genießerisch und lang ausgestreckt unter der Sonne und ich schob alle zur Seite und suchte mir die wärmste Stelle, die ich ab jetzt für mich beanspruchen wollte. Im hinteren Teil des Hauses sah ich unsere alten Schlafhäuser. Als es draußen dämmerte, zog ich mich in eines dieser Häuser zurück und konnte mich mit warmer, feuchter Erde zudecken. Bald darauf spürte ich meine Kameraden über und neben mir. Unser gemütlicher Haufen zuckte noch einmal erschrocken zusammen, als mit einem gewaltigen Getöse der Eingang des Hauses geschlossen wurde. Nachdem wir uns wieder beruhigt hatten, schlief ich ein und träumte davon, dass ich frei in DAHEIM lebte und nicht wieder ins Gefängnis musste.

Kapitel 3

8. APRIL

Nach einer mehr als angenehmen Nacht wurde ich am zweiten Tag in DAHEIM von der Haussonne geweckt. Ich suchte den wärmsten Platz auf dem Steinhaufen auf und machte mich breit. Alle vier Beine von mir gestreckt, den Kopf und sogar den Schwanz gereckt sog ich die herrliche Wärme auf. Schiefmaul und Pfannkuchen duldete ich neben mir. Als Rammbock auftauchte und mir den Platz streitig machen wollte, musste ich mich auf einen kurzen Kampf einlassen. Leider wurde Rammbock seinem Namen gerecht und ich musste meinen Platz mit ihm teilen. Die anderen sieben suchten sich eigene Plätze und lange lagen wir entspannt im warmen Schein der Haussonne. Einmal erschraken wir, weil mit lautem Gepolter der Eingang frei geräumt wurde. Im Laufe des Vormittags tauchten draußen auf den Steinstufen in regelmäßigen Abständen rote Gummistiefel auf. Das war SIE, unser neuer Kerkermeister. SIE störte uns aber nicht weiter, schaute immer nur kurz zu uns herein und verschwand wieder. Als die Himmelsonne warm genug war, beschloss ich meinem Hungergefühl nachzugeben und den warmen Steinplatz zu verlassen. Ich kletterte über meine dösenden Kameraden und verließ das Haus. Draußen versperrte mir ein großes Wasserbecken den Weg. SIE saß daneben auf dem Boden und lächelte scheinheilig, wirkte aber nicht sehr gefährlich. Mir blieb nichts anderes übrig, als das Wasserbecken zu durchqueren, um an die leckeren Blümchen zu gelangen, deren Duft mir in die Nase stieg. Kaum war ich in das Wasser hineingestiegen, stellte ich fest, dass es kuschelig warm war. Der Hunger konnte warten. Hier würde ich erst einmal sitzen bleiben. Nach geraumer Zeit hob SIE mich gegen meinen Willen aus dem Wasser und begann, mich genau zu studieren. SIE drehte mich dabei auch auf den Rücken. Rückenlage löst bei mir Todesangst aus. Wild entschlossen bis zu meinem Ende zu kämpfen, wehrte ich mich nach Leibeskräften. Daraufhin setzte SIE mich auf den Boden und ich konnte entkommen. Aus sicherer Entfernung beobachtete ich dann, dass alle meine Kameraden und auch die Kleinen von DRÜBEN die gleiche Prozedur über sich ergehen lassen mussten. Das warme Wasser wurde von SIE immer wieder nachgefüllt. Jeder durfte eine Zeit lang baden, dann wurde er brutal hochgerissen, untersucht und in die Freiheit entlassen. Die Himmelsonne stand schon hoch, als die Tortur für jeden von uns vorbei war. Niemand war verletzt, aber wir standen unter Hochspannung. Wir prügelten uns ein wenig, einige ließen auf andere Art den Dampf ab und bei einer anschließenden Besprechung entschieden wir uns, SIE zu hassen, SIE genauso zu hassen, wie wir die abscheulichen Leute aus dem Gefängnis gehasst haben. Wir gaben die Information an die Kleinen weiter und instruierten sie, SIE aus dem Weg zu gehen und sich sofort zu verstecken, sobald SIE in ihre Nähe kommt. Hinter dem in DAHEIM und DRÜBEN trennenden Brett konnte ich die Kleinen aufgeregt miteinander tuscheln hören. Ich hörte Sätze wie: „Ich werde SIE beißen!" und „Ich kacke SIE auf den Schuh!" und mit zahlreichen Kraftausdrücken wurde SIE nach Herzenslust beschimpft.

Mein Hunger konnte jetzt nicht mehr warten. Ich streifte durch das Gelände und fraß mich satt. Dabei entdeckte ich sehr interessante Höhlen und nicht zu steile Hügel. Auf dem gestern entdeckten Hügel sitzend schaute ich den Kleinen eine Weile zu. Die Aufregung bei ihnen hatte sich mittlerweile gelegt und sie spielten wieder das doofe Stauspiel. Dabei liefen sie alle in einer langen Schlange hintereinander her bis plötzlich irgendeiner in der Schlange stoppte. Die Hinteren kletterten dann über den Stehenden, die, die vorausliefen, drehten sich um und kletterten ebenfalls über den Stehenden. So bildeten sie einen großen Haufen, lachten sich kaputt und formierten sich anschließend wieder zur Schlange und weiter ging's. Vollkommen sinnentleert. Aber sie hatten Spaß.

Der Nachmittag neigte sich dem Ende zu, die Himmelsonne verlor an Kraft und das helle Wärme versprechende Licht im Haus zog mich magisch an. Von dem Wasserbecken und der hinterhältigen SIE fehlten jede Spur. Von mir unbemerkt, hatte SIE das Feld geräumt. Trotzdem ließ ich Vorsicht walten und schlich, jede Deckung ausnutzend, ins warme Haus, um den Tag unter der wärmenden Sonne zu beenden.

Kapitel 4

9. APRIL

Auch in dieser Nacht hatte ich wieder einen Traum. Ich träumte, dass ich SIE in einem großen Wasserbecken so lange unter Wasser drückte, bis keine Blasen mehr kamen. Alle Kollegen schauten zu und spendeten mir Applaus. Ungern erwachte ich und suchte meinen Platz unter der Haussonne auf. Bald darauf hörte ich, wie SIE die Steinstufen vor dem Haus hoch trampelte und die Türe öffnete. Ich erstarrte, doch nichts geschah. Schnell verschwand SIE wieder und ich entspannte mich. Ich hoffte, heute vor SIE Ruhe zu haben. Dann könnte ich gemütlich DAHEIM erkunden. Gestern hatte ich gesehen, dass DAHEIM hinter einem in der Mitte stehenden Rohbau noch ein ganzes Stück weiterging. Ich hing noch ein wenig meinem Traum nach und überlegte mir verschiedene Szenarien, SIE aus dem Weg zu räumen. Ohne SIE könnten wir hier in der Freiheit leben.

Alle meine Mitbewohner waren inzwischen wach geworden und das Gedränge unter der Haussonne war groß. Von DRÜBEN hörte ich die Kleinen um die besten Plätze streiten. Keine zwei Minuten konnten sie Ruhe geben. Ständig klopften die Panzer gegeneinander und sie beschimpften sich unflätig. Im Minutentakt verließ einer von ihnen kurzzeitig das Haus, um die Wärme der Himmelsonne zu prüfen. Zurückgekehrt musste er sich seinen Platz wieder erkämpfen. Nervig.

Inzwischen knurrte mein Magen aufdringlich. Die Himmelsonne hatte aber noch nicht genug Kraft, um mich nach draußen zu locken. Ich schickte Schiefmaul nach draußen zum Wärmecheck. Nach einiger Zeit schickte ich Flaschenöffner hinterher. Flaschenöffner maulte erst ein bisschen, weil ich ihn Flaschenöffner nannte, obwohl er eigentlich Speedy heißt. Aber ich erklärte ihm, dass ich ihn Flaschenöffner nenne, weil er wie ein Flaschenöffner aussieht. Und dass ich ihn vielleicht in Zukunft wieder Speedy nenne, wenn er jetzt mal Gas gibt und die Wärme checkt. Maulend verließ Flaschenöffner das Haus – und auch er kam nicht wieder. Nacheinander schickte ich nun Pfannkuchen, Kopulus, Schisser, Minicooper und Ichbinunsichtbar hinterher. Keiner kam zurück. Auch DRÜBEN verließen die Kleinen jetzt das Haus. Und keiner kam zurück. Rammbock und ich gingen nun davon aus, dass die Himmelsonne warm genug war und alle zum Weiden unterwegs waren. Also kletterten auch wir den Steinhaufen herunter und verließen das Haus.

Meinen Augen bot sich ein unglaublicher Anblick. Alle meine Kollegen saßen auf den Stufen und schmausten verschiedene Kräuter, deren Duft mir augenblicklich in die Nase zog. Hatte SIE, diese linke Bazille, doch die Stufen und auch ein ganzes Stück ins DAHEIM hinein eine Spur von leckeren Pflanzen gelegt, um uns zu locken, wie die Hexe bei Hänsel und Gretel. Rammbock stürzte sich sofort ins Getümmel und boxte die anderen zur Seite, um an die besten Kräuter zu kommen. Fassungslos schaute ich den schmatzenden Gesellen eine Weile zu, dann schob ich mich an ihnen vorbei. Ich würde weiden, wie es sich für eine anständige Schildkröte gehört.

Während ich gedankenverloren weidete, geschah es. Ich hörte die Trampelschritte von SIE. Und schon wurde ich in die Höhe gerissen. In atemberaubender Geschwindigkeit verschleppte SIE mich und wir verließen DAHEIM. Ich sandte ein Stoßgebet Richtung Himmelsonne und spürte, wie mein Herz aussetzte. Ich würde sterben. Ich war mir sicher. SIE setzte mich auf einen flachen, kalten Gegenstand, der auf einem Tisch stand. Sofort versuchte ich zu flüchten. SIE fing mich wieder ein und setzte mich wieder auf diesen unangenehmen flachen Gegenstand. Ich gab alles und rannte um mein Leben. Wieder riss SIE mich in die Höhe und dieses Mal setzte sie mich auf eine vergammelte Rolle Klebeband. Nun ruderten meine Beine durch die Luft. Ich kam nicht vom Fleck. SIE notierte etwas in ein kleines grünes Buch. Dann spürte ich ein leichtes, durchaus angenehmes Kitzeln auf dem Rückenpanzer. Unvermittelt schwebte ich wieder durch die Luft und landete auf einem karierten glatten Papier. SIE ließ mich los und kraftvoll gab ich Gas. Ich kam nicht weit. Ich wurde zurück gerissen und wieder auf das Papier gezogen. SIEs Hände lösten sich von meinem Panzer. Ich stürmte nach vorne. Nur weg von hier. Wieder zog SIE mich nach hinten. Verzweifelt kämpfte ich um mein Leben. Mein Herz klopfte wie wild und ich spürte den Herzinfarkt nahen. Und es kam noch schlimmer. SIE drehte mich auf den Rücken und platzierte mich auf der Gammelrolle. Ich ruderte mit allen vier Beinen, mit aller Kraft warf ich mich herum, ich fauchte und versuchte alles, um mein Leben zu retten. Nach einer gefühlten Ewigkeit wurde ich wieder in die Bauchlage gedreht und fand mich Auge in Auge mit einer gefährlich aussehenden Apparatur. Ein Blitz blendete mich und es war vorbei. Ich flog noch ein letztes Mal durch die Luft und wurde sanft im DAHEIM abgesetzt. Erniedrigt und gedemütigt saß ich nun hier und konnte mich nur an dem Gedanken ergötzen, dass ich SIE eine große Portion Urat in die Hand gedrückt hatte. Hoffentlich ätzte es SIE die Haut weg.

Ich machte mich so schnell es ging aus dem Staub. Aus sicherer Entfernung konnte ich den ganzen Tag beobachten, wie einer nach dem anderen dieser demütigenden Folter unterzogen wurde. Den Sinn dieser Misshandlungen konnte ich nicht herausfinden. Wahrscheinlich quälte SIE uns gerne. Dies bestärkte mich in meinem Vorhaben, meinen Traum umzusetzen und SIE zu töten.

Am Abend versammelten wir uns unter der Haussonne, zeigten uns gegenseitig den unseligen Buchstaben auf dem Rückenpanzer und beratschlagten, wie man SIE, die Schildkrötenquälerin, aus dem Weg räumen könnte. Viele Vorschläge waren absolut nicht durchführbar, wie z. B. Erhängen oder in einen Abgrund stoßen. Auch Köpfen oder Verbrennen musste gestrichen werden. Wir redeten uns die Köpfe heiß, bis die Haussonne schlagartig erlosch. Im Halbdunkeln tasteten wir uns in unsere Schlafhäuser und verschoben die Diskussion auf den nächsten Tag. Kurz darauf stockte uns noch einmal der Atem, als die Polterschritte sich näherten und die Tür verschlossen wurde. Dann war Ruhe.

Kapitel 5

10. APRIL

Am nächsten Morgen bewahrheiteten sich meine Befürchtungen, dass wir alle der Reihe nach sterben werden. SIE donnerte durch DAHEIM, riss die Türe auf und griff gezielt nach Kopulus, der jetzt mit D beschriftet war. Mit Kopulus unter dem Arm verschwand SIE, verließ DAHEIM und entschwand unseren Blicken. Wir warteten lange, den Blick immer in Richtung des gelben Hauses, in dem SIE mit Kopulus verschwunden war. Wir wechselten uns mit der Wache ab, damit jeder einmal weiden konnte. SIE erschien mehrmals, warf den Kleinen ein wenig Futter hin oder füllte Wasser in die Trinkschalen. Aber Kopulus brachte SIE nicht zurück. Um die Mittagszeit zogen Essensgerüche über DAHEIM hinweg. Ich hätte schwören können, dass es nach Schildkrötensuppe roch.

Am Nachmittag, kurz nach meiner Siesta, bemerkte ich, wie SIE um DAHEIM herumschlich. SIE zupfte Kräuter aus und verschwand damit im gelben Haus. Ich rief eine Versammlung ein und wir trafen uns alle am Vorplatz vom Stadion. In mir keimte die Hoffnung, dass SIE während unserer Mittagsruhe eventuell Kopulus zurückgebracht haben könnte und er jetzt vielleicht in irgendeiner Ecke von DAHEIM aufzufinden war. Wir bildeten drei Suchtrupps mit Rammbock, Pfannkuchen und mir als Anführer. DAHEIM wurde in drei Abschnitte aufgeteilt. Pfannkuchen, das Großmaul, wollte sich das hintere noch vollkommen unerforschte Gelände vorknöpfen. Rammbock entschied sich für die Mitte und ich wollte das uns schon recht gut bekannte vordere Gebiet kontrollieren und dabei immer das gelbe Haus im Auge behalten. Minicooper hängte sich an sein großes Idol Rammbock an und Flaschenöffner/Speedy bildete die Nachhut. Schisser musste bei mir bleiben, denn nach hinten traute er sich nicht, ebenso wie Ichbinunsichtbar. Also gingen Schiefmaul und Pfannkuchen zusammen los. Ich ahnte, dass sie sich mehr prügeln würden, als zu suchen.

Als die Himmelsonne ihre letzten Strahlen sandte, trafen wir uns deprimiert unter der Haussonne. Keiner hatte eine Spur von Kopulus gefunden. Wir waren uns sicher, dass er tot war. Nachdem das Monster SIE unser Haus verrammelt hatte und unser Herzschlag sich wieder beruhigt hatte, hielten wir eine Andacht und gedachten Kopulus, der von uns gegangen war. Wir erzählten uns alte Geschichten über ihn, den Raufbold, der immer rauf wollte. Eigentlich ist das alles, was man über ihn erzählen konnte: Er wollte immer rauf. Nie drunter.

Kapitel 6

11. APRIL

In der Nacht hatte ich nicht viel geschlafen. Meine Gedanken drehten sich um Hinrichtungsarten, tödliche Unfälle, unheilbare Krankheiten und Voodoozauberei. Ich bedauerte es, eine Schildkröte zu sein. Wäre ich nur ein Tiger oder ein Elefant. Auch eine Würgeschlange oder ein Skorpion wäre gut. Dann hätte ich SIE fressen, niedertrampeln, erwürgen oder vergiften können, bevor SIE uns alle kochen kann. Was für Möglichkeiten blieben einer Schildkröte? Bekanntlich sind wir Griechische Landschildkröten nicht sehr groß. Wäre ich von Galapagos, könnte ich mich einfach auf SIE draufsetzen und das Problem wäre gelöst. Zähne haben wir auch keine. Wäre ich eine Alligatorschildkröte könnte ich SIE vielleicht einen Finger abbeißen und SIE würde dann womöglich an einer Sepsis sterben.

Leider habe ich eine Panzerlänge von gerade mal 23 Zentimeter, wiege eineinhalb Kilo und mein einziger Zahn hat sich schon kurz nach meinem Schlupf zurückgebildet. Die Krallen an meinen Füßen sind recht lang. Die haben sich auf dem Stück Rasen im Gefängnis ja nicht abnutzen können. Wenn ich nah genug an SIE herankommen könnte, dann dürfte es doch möglich sein, SIE einen Augapfel heraus zu reißen. Das war der erste vernünftige Plan! Da blieb nur die Frage, wie ich nah genug an SIEs Auge herankommen könnte.

Diese Frage beschäftigte mich noch immer, als die Haussonne erschien. Schnell suchte ich meinen Stammplatz auf, bevor es Rammbocks Stammplatz wurde. Nach und nach tauchten die anderen mit verschlafenen Gesichtern auf und rissen ihre zahnlosen Mäuler beim Gähnen auf. Wir stapelten uns gemütlich unter der Haussonne, bis wir das unheilvolle Trampeln hörten. Mit einem für Schildkröten ungewöhnlichen Affenzahn zogen wir uns in die Schlafhäuser zurück. Die Devise lautete: verstecken. SIE sollte keine Gelegenheit haben, noch einen von uns zu holen. Die Fliesen, Dachziegel und Steine, mit denen SIE unser Haus am Abend verschloss, wurden weggeräumt. Ich sah, dass sich die roten Gummistiefel, in denen SIE steckte, wieder entfernten. Nach einiger Zeit wagten wir uns wieder heraus und legten uns unter die Haussonne. Meinen Stammplatz hatte jetzt natürlich Rammbock. Ich kletterte auf Schisser und Ichbinunsichtbar, war damit der Haussonne ein Stückchen näher als Rammbock und schlief gegen meinen Willen ein, meine Nacht war doch sehr kurz gewesen. Als ich erwachte, war ich alleine. So tief hatte ich geschlafen, dass ich noch nicht einmal bemerkte, dass Schisser und Ichbinunsichtbar unter mir herausgekrochen waren. Eine schwarzweiße Katze starrte mich an. Ich starrte zurück. Ich mag Katzen. Sie töten Ratten und verjagen Marder und halten uns die großen Vögel vom Hals, die uns gefährlich werden können. Als ich zur Begrüßung mit einem Augenlid zuckte, erschrak die Katze und rannte davon. Sie berührte dabei nicht den Boden, sondern benutzte die Bretter als Laufsteg. Mit einem großen Satz sprang sie dann aus DAHEIM und verschwand im gelben Haus. Ich sah ihr bewundernd nach. Solche körperlichen Fähigkeiten müsste man haben. Dann wäre es ein Leichtes, SIE ein Ende zu bereiten. Anspringen, Halsschlagader durchbeißen – Finito.

Jetzt hörte ich die Fressgeräusche meiner Kameraden und sah die Futterspur, die sich durch DAHEIM zog. Dieses Luder – SIE – hatte anscheinend vor, uns zu mästen. Wahrscheinlich war SIE von Kopulus nicht satt geworden. Aufs Äußerste erregt signalisierte ich meinen Freunden, sofort auszuspucken und hochzuwürgen, was geht. „HUN-GER-STREIK!“, brüllte ich. Aber obwohl ich der Älteste, Größte, Schwerste und Schönste bin und somit über alle Anführerqualitäten verfüge, wurde ich ignoriert und alle schlangen weiter das ausgelegte Mastfutter in sich hinein. Wie in Trance schaufelten sie sich die Kräuter ins Maul, ich boxte wütend Schisser und Flaschenöffner zur Seite. Auch mir knurrte der Magen und stur begann ich zu weiden.

Weidend kontrollierte ich DAHEIM und bewegte mich dabei langsam auf den Aussichtshügel zu. Ich wollte bei den Kleinen reinschauen und ihnen die Geschichte von Hänsel und Gretel erzählen. Das würde sie in Sachen Hungerstreik sensibilisieren. Zu meinem Entsetzen sah ich SIE im gelben Haus am Fenster stehen. SIE belauerte uns! Ich gab mein Vorhaben, als Märchenonkel zu fungieren, für den Moment auf, würde ich doch auf dem Hügel wie auf dem Präsentierteller sitzen. Die Gefahr, dass ich als nächster im Kochtopf von SIE landete, war sowieso groß, bin ich doch der Schwerste von allen. Ich versteckte mich eine Weile in der Höhle unter dem Aussichtshügel und behielt das Fenster im Auge. Immer wieder konnte ich SIE am Fenster sehen. SIE starrte zu uns herunter und genoss lächelnd den Anblick meiner stetig fetter werdenden Brüder.

Nachdem SIE sich eine längere Zeit nicht mehr am Fenster des gelben Hauses hatte blicken lassen, erklomm ich den Aussichtshügel, um die Kleinen zu eichen. Ich erzählte der staunenden kleinen Gemeinde von Hänsel, der gemästet werden sollte und Gretel, die die böse Hexe in den Ofen stieß. Die Kleinen gruselten sich ordentlich und als ich ihnen klar machte, dass wir es genauso wie Gretel machen müssen, stoben sie auseinander, um den Ofen zu suchen. Kopfschüttelnd verließ ich den Aussichtshügel, schaute noch einmal nach meinen inzwischen träge in der Himmelsonne herumliegenden Mastschweinen und zog mich ebenfalls zur Mittagsruhe in eine sichere Höhle zurück.

Der Nachmittag ging ohne besondere Vorkommnisse zu Ende. Die Kleinen spielten stundenlang das Ofenspiel. Dabei bildeten sie eine lange Schlange, liefen hintereinander her, bis einer „OFEN!“ rief und stehenblieb. Die hinteren kletterten über den Stehenden, die vorauslaufenden drehten um und kletterten ebenfalls über den Stehenden. Es entstand ein großer Schildkrötenhaufen, sie lachten sich schräg und formierten sich erneut zur Schlange. Meine Kameraden waren so vollgefressen, dass sie nicht in die Gänge kamen und ich wagte mich in den hinteren Teil von DAHEIM, um mir die sagenhaften Bauwerke, von denen Pfannkuchen berichtet hatte, anzusehen. Dort fand ich eine tolle Stelle und da eine warme Nacht bevorstand, vergrub ich mich in der warmen Erde. Ich wollte ab jetzt nicht mehr im Haus übernachten, was meine Alleinstellung als Anführer unterstreichen sollte. Außerdem müsste ich dann den ekelerregenden Anblick von SIE am Abend und auch am Morgen nicht ertragen.

Mein Herz blieb stehen, als ich einige Zeit später in die Höhe gerissen wurde. Ich wurde in einen geflochtenen Bastkorb gesetzt und befand mich Sekunden später vor dem Haus auf den Steinstufen wieder. Etwas schob mich von hinten in das Haus hinein. Hinter mir wurde der Eingang verschlossen. Mein Blutdruck war bei etwa 180 zu 240. Im Dunkeln tastete ich mich in ein Schlafhaus. Der beste Platz darin war bereits mit fünf Leuten besetzt, so dass ich mich mit dem zweitbesten Platz direkt daneben zufriedengeben musste. Während mein Blutdruck langsam fiel, überlegte ich, was SIE dazu bewogen haben könnte, mich auszugraben und im Haus einzusperren. Ich kam zu dem Schluss, dass ich nicht von einem Marder oder einer Ratte gefressen werden sollte, sondern nur von SIE allein.

Kapitel 7

12. APRIL

Nach einer traumlosen Nacht erwachte ich an diesem Morgen frisch und ausgeruht. Draußen dämmerte es gerade und ich suchte meinen Stammplatz auf. Die anderen schliefen noch und ich ließ den vergangenen Tag Revue passieren. Ich nahm mir vor, eine Vollversammlung einzuberufen. Meine Kameraden mussten unbedingt aufhören, riesige Futterportionen zu verschlingen. Die dummen Kleinen hatten den Ernst der Situation überhaupt nicht verstanden.

Während ich über die Tagesordnungspunkte der Versammlung nachdachte, ging schlagartig die Haussonne auf. Kurz darauf ertönte das wohlbekannte Trampeln, die Türe wurde mit ohrenbetäubendem

Poltern geöffnet und mein Blick fiel auf die Steinstufen vor dem Haus. Dort saß Kopulus. Der alte Kopulus. Lebendig! Behände kletterte er auf den Steinhaufen und streckte sich neben mir in der Haussonne aus. Vorsichtig berührte ich seinen Panzer, um mich davon zu überzeugen, dass ich keinen Geist sah. Während ich um Luft rang und mir alle Worte fehlten, kamen unsere Kameraden aus den Schlafhäusern. Es gab ein großes Hallo, alle schrien durcheinander und alle wollten Kopulus berühren, ihm auf den Panzer klopfen oder gar ihren Kopf an seinem reiben. Die Kleinen von DRÜBEN fielen in das Hurra-Geschrei mit ein. Als sich alle wieder beruhigt hatten, musste Kopulus erzählen. Was er zu berichten hatte, war unglaublich: Von uns allen unbemerkt hatte sich Kopulus eine Verletzung an seinem DING zugezogen. SIE hatte die blutende Wunde bei der schrecklichen Musterung bemerkt und Kopulus aus dem „Verkehr" gezogen. SIE war mit ihm bei einem Arzt gewesen. SIE hatte ihm Salbe auf sein DING geschmiert. SIE hatte ihm ein Krankendaheim im gelben Haus eingerichtet. SIE hatte ihm Kräuter gebracht. SIE hatte in verwöhnt. SIE hatte …, SIE hatte …, SIE hatte … . Ich konnte es nicht mehr hören.

Also begab ich mich nach draußen, um zu weiden. Ich ignorierte die Futterspur und suchte das mittlere Gehege auf. Dort gab es einen Schotterweg, der durch ein Tal führte. Unter einer Brücke, die das Tal überspannte, blieb ich sitzen und überlegte. Hatte ich vielleicht ein falsches Bild von SIE? War SIE uns eventuell doch wohlgesonnen oder führte SIE irgendetwas im Schilde? Ich war total verwirrt. Nach langem Nachdenken traf mich die Erkenntnis wie ein Schlag: Kopulus war von SIE einer Gehirnwäsche unterzogen worden, es war nicht er selbst, der da redete und SIE pries, als wäre SIE der neue Jesus, Buddha, Allah oder wie sie sonst noch alle hießen. Ich verließ meinen Platz unter der Brücke und verdrückte mich in das hintere Teil von DAHEIM. An meinem neuen Lieblingsplatz nahm ich ein ausgiebiges Bad und weidete nicht so leckere junge Pflänzchen. Von Zeit zu Zeit zogen Trüppchen meiner Kollegen vorbei und ich hörte Sätze wie: „Kopulus ist Auto gefahren! Kopulus hatte seine eigene Sonne! Kopulus glaubt, SIE ist ein Engel!"

Ich verbrachte den restlichen Vormittag, die Mittagsruhe und auch den Nachmittag an meinem Lieblingsplatz unter den hängenden Büschen. Meine Gefühle waren in Aufruhr. Eigentlich hatte ich große Angst vor SIE und ihrer Spezies, ich hasste SIE, obwohl ich keinen triftigen Grund mehr dafür besaß. SIE hatte Kopulus schließlich ja doch nicht verspeist. Andererseits hielt SIE uns hier gefangen, auch wenn DAHEIM sehr schön war und gemütlich.

Gegen Abend suchte ich das Haus auf, ich wollte hören, wie inzwischen die Stimmung unter den Kameraden war. Kopulus lag lang ausgestreckt auf meinem Stammplatz. Er hatte vom vielen Erzählen schon eine ganz heisere Stimme und verkündete gerade, dass er nicht mehr Kopulus genannt werden wolle. Er hieße jetzt D, sagte er. Der Name Kopulus solle der Vergangenheit angehören. Hier, in seinem neuen Leben, sei er D. Außerdem behauptete er, den körperlichen Freuden der Liebe abzuschwören, denn die Gesundheit seines DINGs wäre ihm wichtiger. Kopfschüttelnd bahnte ich mir einen Weg durch die Menge und verzog mich in ein Schlafhaus. Ich zog mir meine Kuscheldecke aus warmer, feuchter Erde über den Panzer und klinkte mich aus.

Kapitel 8

13. APRIL

Die Haussonne schien schon, als ich am Morgen vom Geraune meiner Kameraden geweckt wurde. Sie hatten sich schon wieder um Kopulus geschart und lauschten hingebungsvoll. Kopulus hockte auf meinem Stammplatz und sogar Rammbock fand sich ein Stückchen tiefer mit einem nicht so warmen Plätzchen ab. Als Kopulus bemerkte, dass ich wach war, sprach er lauter und ich konnte seine Lobpreisungen auf SIE hören. SIE wäre total nett, sagte er. SIE hätte das ganze DAHEIM alleine gebaut. SIE hätte sogar ein Gedicht über ihn geschrieben. Und dann trug er mit bewegter Stimme vor:

Ode an D

Mein Auge rinnt, mein Herz tut weh
wenn ich dich in der kleinen Kiste seh'.
Du bist unruhig, willst raus ins Gehege
du verstehst nicht, dass ich dich hier drinnen pflege.
Wie spannend ist es für dich draußen gewesen
die Zeitung unter dir hast du schon dreimal gelesen.
Jetzt hast du einen Haufen drauf gemacht
und ich hab' dir die heutige Ausgabe gebracht.

Während dieses Vortrags war jedes Scharren der Krallen auf dem Steinhaufen verstummt. Andächtig hingen die künftigen Jünger SIEs an Kopulus Lippen. Als er endete, erhob sich tosender Beifall, der mit gegenseitigem Panzerklopfen erzeugt wurde. Auch von DRÜBEN kamen Rufe, wie „Hoch soll SIE leben, hoch soll SIE leben, dreimal hoch". Kopulus bat um Ruhe und die Rufe und das Panzerklopfen verstummten. Er veränderte ein wenig seine Position, reckte den Kopf weit hervor und berichtete weiter, dass die sagenhafte SIE ihm sein Krankendaheim sehr, sehr sauber gehalten hat. Dass SIE ihm mehrmals am Tag frisches Wasser in ein edles Glasschüsselchen gefüllt hat und dass die medizinische Versorgung liebevoll und zärtlich gewesen sei. Sein Gesichtsausdruck verklärte sich, wieder wurde seine Stimme dramatisch. Weil er so tapfer gewesen sei, hätte SIE ihm sogar noch ein zweites Gedicht geschenkt. Wieder streckte er sich, stellte sich hoch, stützte die Vorderbeine auf Ichbinunsichtbars Panzer auf und aus dieser Höhe deklamierte er:

Noch eine Ode an D

Das Glück, das ist dir hold geblieben
ich hab' dich heut' gesund geschrieben.
Da sitzt du jetzt im Erdbeerfeld
und bist zufrieden mit der Welt.
Vier Freunde haben dich gleich gesehen
jetzt kann die Orgie weitergehen.

Kopulus verstummte und man hätte eine zu Boden fallende Stecknadel hören können, dann brandete Applaus auf, die Panzer knallten gegeneinander, die Kleinen waren komplett aus dem Häuschen. Ich zog den Kopf tief in meinen Panzer zurück, um dem Lärm zu entkommen. Ein Stimmchen von DRÜBEN rief:
„Was ist eine Orgie?"
Kopulus antwortete, dass das so ein Kleiner noch gar nicht wissen muss und dass er in Zukunft auch nicht mehr an Orgien teilnehmen werde. Er sei jetzt geläutert. Daraufhin rief das Stimmchen:
„Was ist eine Zeitung?"
„Eine Zeitung ist ein Papier, auf das man draufkackt", erklärte Kopulus. Auf die Fragen „Was ist Ode?", „Was ist Glück?" und „Was bedeutet hold?", ging er nicht mehr ein, denn wir hörten die Schritte von SIE. SIE näherte sich unserem Haus. Und entgegen der Absprache, sich in den Schlafhäusern zu verstecken, drängten alle zur Tür, wohl um SIE zu begrüßen und SIE die Füße zu küssen. Ich blieb wo ich war. Der Eingang wurde geöffnet, SIE stampfte wieder davon, hatte es wohl

eilig. Die Menge stürzte nach draußen zu dem ausgelegten Futter und das große Mampfen begann.

Auch ich verließ das Haus und begab mich auf meinen einsamen Weidegang. Das Misstrauen, das ich SIE weiterhin entgegenbrachte, veranlasste mich, jede Deckung wahrzunehmen. Die Vegetation in DAHEIM war niedrig, aber es gab genug Baumstämme, Erhöhungen und kleine Berge, auch Mauern und große Pflanzsteine, die ich noch vom Gefängnis kannte, machten die Landschaft sehr unübersichtlich. Der eine oder andere von uns angelegte Trampelpfad ließ sich schon erkennen und ich schlich auf leisen Sohlen langsam durch das vordere DAHEIM. Die Kollegen waren jetzt alle satt, hatten nichts mehr zu tun und frönten der Liebe. Tatsächlich hielt sich Kopulus abseits und untersuchte die Höhle unter dem Aussichtshügel. Ich gesellte mich zu ihm, um noch Details über SIE zu erfahren. Als ich Kopulus fragte, ob er wüsste, was denn bei SIE so auf dem Teller lag, erntete ich nur Schweigen. Auf keine meiner Frage, die ich mit „sag mal Kopulus" begann, bekam ich eine Antwort. Langsam wurde ich zornig. Was bildete der Kerl sich eigentlich ein? Ich hob zu einer Strafpredigt an, als Kopulus von mir verlangte, ihn bitteschön ab jetzt und für immer gefälligst D zu nennen. Das sei sein neuer Name und auf Kopulus würde er nicht mehr reagieren. Eine Zornesader pochte an meiner Stirn und mir stieg der Blutdruck. Damit, dass Kopulus seinen Namen ablegte und das D auf seinem Panzer als neue Identität annahm, schlug er sich auf die gegnerische Seite, wurde ein höriger Anhänger von SIE. Ich kündigte ihm die Freundschaft, sagte ihm, dass er sich zum Teufel scheren soll und wünschte ihm im Weggehen noch, ihm möge sein DING abfallen. Ich war enttäuscht von Kopulus. Unglücklich machte ich mich auf den Weg unter die hängenden Büsche. In meinem geheimen Versteck wollte ich alleine unglücklich sein.

In meinen trübsinnigen Gedanken versunken bog ich um die Ecke und betrat das Tal. Irgendetwas war anders, hatte sich verändert. Aufmerksam, den Blick nach vorne gerichtet, mich tief ins Tal duckend, schob ich mich vorwärts. Und dann stieß ich mit dem Kopf gegen eine fast unsichtbare Wand. Ich sah den hinteren Teil von DAHEIM, konnte ihn aber nicht erreichen, die fast unsichtbare Wand trennte mich von ihm. SIE, das war SIE gewesen, das DAHEIM war nur noch halb so groß wie vorher. Mein Lieblingsplatz – unerreichbar. DRÜBEN hörte ich inzwischen auch die ersten Köpfe gegen die fast unsichtbare Wand knallen. Auch die Kleinen konnten den hinteren Teil nicht mehr betreten. Immer und immer wieder stießen sie mit den Köpfen gegen das Hindernis. Sie liefen daran entlang, auf und ab und immer wieder dagegen. Ich gab meinen schönen Plan, die Mittagszeit unter den hängenden Büschen zu verbringen, auf und machte mich auf den Weg zurück ins Haus. Dort wollte ich mich in ein Schlafhaus zurückziehen und darüber nachdenken, was es mit der fast unsichtbaren Wand auf sich hatte.

Ich verbrachte den ganzen Mittag und Nachmittag im Schlafhaus. Draußen hörte ich es hämmern und sägen und fluchen und lachen. Das Lachen kam immer von SIE, das Fluchen von einer tieferen

Stimme. Ich spitzte die Ohren und erweiterte meinen Wortschatz beträchtlich. Gegen Abend kamen einige meiner Kameraden ins Haus. Ich stellte mich schlafend, wollte mit keinem reden. Mir fiel auf, das Kopulus, der gesalbte D, Schiefmaul und Ichbinunsichtbar an diesem Abend nicht ins Haus zurück kamen und auch nicht von SIE gebracht wurden. Auch DRÜBEN schienen einige zu fehlen, der Lärm war geringer als sonst. Ich machte mir Sorgen um sie, sogar um den gesalbten D. Der Schlaf überkam mich. Das Verrammeln der Tür weckte mich noch einmal kurz auf, dann glitt ich in die Traumwelt.

Kapitel 9

14. APRIL

Am nächsten Morgen hielt ich mich nicht lange mit Aufwärmen auf. Sofort, nachdem SIE den Eingang geöffnet hatte und wieder verschwunden war, verließ ich das Haus und meine darin schlafenden Kameraden. Steifgliedrig machte ich mich auf den Weg, meine verlorenen Freunde zu suchen. Dem Geheimnis der fast unsichtbaren Wand musste ich auch unbedingt auf die Spur kommen. Ich schlug den kürzesten Weg zum hinteren DAHEIM ein, kurvte um die Bretter, die DRÜBEN und DAHEIM trennten. Noch eine Kurve und ich war im Tal. Mein Blick fiel auf ein fast durchsichtiges Haus, das mitten im DAHEIM stand und in dem zwei Sonnen schienen. Rechts und links führte ein Weg daran vorbei und ich sah die hängenden Büsche. Misstrauisch näherte ich mich. Das fast durchsichtige Haus besaß einen steinernen Sockel, an dem ich mich entlang tastete. Die fast unsichtbare Wand war verschwunden, ich konnte um das fast durchsichtige Haus herumgehen. Vorsichtig lugte ich um die Ecke und sah in das fast durchsichtige Haus hinein. Meine vermissten Freunde aalten sich auf einer Steinplatte unter der Sonne. Hinter dem Brett, das das fast durchsichtige Haus unterteilte, hörte ich das wohlige Grunzen einiger Kleinen. Auch sie hatten eine Sonne und ich vermutete stark, dass sie auch eine schöne Steinplatte hatten.

Ich sah mich um und erkannte ein Schlafhaus, eine Wasserstelle und es wuchsen verschiedene Pflanzen. Es gefiel mir wesentlich besser als das andere Haus, es war viel größer, heller und gemütlicher. Auch die Luft war besser. Nicht so verbraucht. Ich klopfte mit dem Panzer leicht gegen das hölzerne Schlafhaus, um mich anzukündigen. Schiefmaul, Ichbinunsichtbar und Kopulus, den ich nicht mehr Kopulus nennen durfte, öffneten träge die Augen. Ich gönnte Kopulus keinen Blick und wandte mich an Schiefmaul und Ichbinunsichtbar. Auf meine Frage an die beiden, ob sie die Nacht hier verbracht hätten, bekam ich keine Antwort. Ichbinunsichtbar schloss seine Augen wieder und legte den Kopf auf die sicherlich warme Steinplatte. Schiefmaul ließ sich schließlich dazu herab, mich aufzuklären. Das fast durchsichtige Haus wäre das Werk von SIE und ihrem Sohn und es hieße Schlechtwetterhaus. Außerdem bat er mich, ihn zukünftig B zu nennen, das klänge in seinen Ohren wesentlich freundlicher. Ichbinunsichtbar hob den Kopf, drehte mir sein Hinterteil zu und wackelte mit dem Panzer. Sein Buchstabe blitzte auf. Dann sagte er patzig, dass er E wäre, weil er nämlich gar nicht unsichtbar sei. Ich fühlte einen unheiligen Zorn in mir aufsteigen. Das Blut in mir kochte und ich verlor die Beherrschung. Hatten sich alle gegen mich verschworen? Stand ich allein auf weiter Flur gegen meine Schildkrötenbrüder und SIE? Ich haute den dreien meinen Panzer um die Ohren, biss ihnen in die Füße und verjagte sie so aus dem fast durchsichtigen Haus.

Endlich allein versuchte ich, meine Gedanken zu ordnen. Diese 3 Freunde waren offensichtlich ins feindliche Lager übergetreten. Blieben noch Rammbock, Pfannkuchen, Schisser, Flaschenöffner und Minicooper. Flaschenöffner würde die Seiten bestimmt mit wehenden Fahnen wechseln, er nahm mir die Fopperei mit seinem Namen schon lange übel. Schisser trug seinen Namen zu Recht. Er würde das tun, was die Masse macht. Minicooper hatte keine eigene Meinung. Er war der Speichellecker von Rammbock. Wenn ich Rammbock und Pfannkuchen auf meiner Seite hätte, dann würde die Chance bestehen, dass wir wieder zur Einheit würden. Nur mit der geballten Kraft von uns allen 19 zusammen hätten wir überhaupt die Aussicht auf den Erfolg, SIE aus DAHEIM zu vertreiben, um in Freiheit zu leben.

Der Vormittag war mittlerweile schon weit vorangeschritten und der Hunger nagte in meinen Eingeweiden. Meine Gedärme befanden sich in Aufruhr, seitdem ich aus der Starre erwacht war. Die üblen Krämpfe ignorierend verließ ich das fast durchsichtige Haus und knabberte allerlei Pflänzchen im Vorbeischlendern an. Ich verweilte ein wenig unter den hängenden Büschen, die allmählich Knospen ansetzten. Die Himmelsonne war nun warm genug, um ein Bad zu nehmen. Ich badete ausgiebig und schiss beim Herausklettern noch einen matschigen Haufen ins Wasser. Von meinen Bauchschmerzen vorübergehend erlöst, erkundete ich einen weiteren Teil vom hinteren DAHEIM. Ein Plätschern zog mich an und ich fand ein Gewässer, aus dem es regnete, was mich doch ein wenig verwunderte. Gleich hinter einer Hecke entdeckte ich einen weiteren Hügel, der sich als Aussichtspunkt anbot. Ich erklomm den recht steilen Berg, um dann festzustellen, dass mir das fast durchsichtige Haus die Sicht auf das vordere DAHEIM verbaute.

Mein Hunger war noch nicht gestillt. Ich musste das vordere DAHEIM aufsuchen, hier hinten wuchs nicht viel Fressbares. Auf dem Bauch rutschte ich den Berg hinunter, ein Baumstamm stoppte meine Fahrt. Ein kleines Stück hinter dem Gebirge begann die üppige Vegetation. Weidend bewegte ich mich langsam in Richtung des vorderen DAHEIMs. Als ich am Ende des Tals um die Ecke schauen konnte, erblickte ich auf dem Aussichtshügel Kopulus, der den Kleinen seine Ode vorsang. Er hatte dieses unsagbar dämliche Gedicht vertont und einen eigenen Refrain dazu erfunden. Die Kleinen hörten begeistert zu und die ersten fielen beim Refrain schon ein. Ganz vorne bei den halbrunden Steinmauern fand eine wilde Orgie statt. Rammbock schob Minicooper vor sich her, Schisser diente Pfannkuchen und Ichbinunsichtbar war auf Schiefmaul geklettert. Ihre Freudenrufe drangen bis zu mir vor. Flaschenöffner wartete ungeduldig darauf, auf Minicooper an der Reihe zu sein und boxte derweil Rammbock von der Seite. Rammbock ließ von Minicooper ab und wehrte sich gegen Flaschenöffner. Er knallte seinen Panzer gegen Flaschenöffner und fing an, ihn zu beißen. Ichbinunsichtbar kam bei seinem Ritt auf Schiefmaul in Rammbocks Schusslinie und Rammbock begann auch ihn zu beißen. Plötzlich schoss SIE aus dem gelben Haus, sprang mit einem Riesensatz in unser DAHEIM, schnappte sich Rammbock und trug ihn flugs in das hintere DAHEIM. Alleine, ohne Rammbock, kam SIE zurück. SIE schaute noch kurz auf die verdutzt dasitzenden Kollegen und verschwand im gelben Haus. Den Liebenden war die Lust vergangen. Sie zerstreuten sich und vertrieben sich die Zeit anderweitig.

Das war für mich die richtige Gelegenheit. Jetzt konnte ich in Ruhe mit Rammbock reden. SIE hatte ihn gerade gedemütigt, in dem SIE ihn von dem Kampf abgezogen und nach hinten gebracht hatte. Wahrscheinlich war er momentan so richtig wütend auf SIE. Sofort machte ich mich auf den Weg zu ihm. So schnell mich meine kurzen Beine trugen, rannte ich los. Der Weg in das hintere DAHEIM war weit, mindestens 25 Meter. Völlig außer Atem kam ich an und begann mit der Suche nach Rammbock. Doch so sehr ich auch suchte, ich fand ihn nicht. Ich fand das Gewässer, aus dem es regnete, ich entdeckte eine neue Höhle und einen tollen Schleichweg, der in ein dichtes Gebüsch führte. Aber von Rammbock fand ich keine Schuppe.

Nach einiger Zeit gab ich die Suche auf, denn eine bleierne Müdigkeit überkam mich. Die Himmelsonne stand hoch, es war Mittagszeit. Ich zog mich auf meinen Lieblingsplatz unter den hängenden Büschen zurück und schlief ein.

Nachmittags, als ich hungrig erwachte, suchte ich noch einmal etwas halbherzig nach Rammbock. Dabei fand ich hinter dem Gebirge tausende gelbe Blüten. Sie rochen verführerisch. Ohne mir Gedanken darüber zu machen, wo die wohl herkamen, fiel ich darüber her und stopfte mich mit diesen erstklassigen Leckerbissen so richtig voll. Plötzlich fiel ein Schatten auf den Blütenberg und Rammbock schob mich unsanft zur Seite. Er fing an, die Blüten mit den Vorderbeinen vor sich anzuhäufen und zog mir so manche Leckerei direkt unter der Nase weg. Bereit zu teilen ließ ich es zu. Rammbock schmatzte mit vollen Backen und ich fand die Gelegenheit für ein Gespräch unter vier Augen war gekommen. Ich versuchte, Rammbock von der Gefährlichkeit SIEs zu überzeugen. Ich äußerte meine Vermutung, dass SIE etwas Schreckliches mit uns vorhatte. Ich redete mit Engelszungen auf ihn ein, ich informierte ihn über die Verbrechen, die diese Spezies in den vergangenen hunderttausend Jahren begangen hatte, über die Vernichtung indigener Völker, die Ausrottung vieler Tierarten und die Vertreibung aus ihren natürlichen Habitaten. Rammbock fraß dabei unbeirrt weiter und als der Blütenberg dahingeschmolzen war, fragte er mich, ob ich Lust hätte, das Aufreitspiel zu spielen. Resigniert gab ich auf. Seine geistigen Fähigkeiten waren einfach zu beschränkt. Ich sah ein, dass ich wohl der einzige Gegenspieler von SIE bleiben würde.

Indessen war der Nachmittag vergangen, die Schatten wurden länger und ich musste mir überlegen, wo ich die Nacht verbringen wollte. Ich beschloss, das fast durchsichtige Haus auszuprobieren. Der Weg dorthin war nicht weit, ich erreichte es nach wenigen Schritten. Die Wasserstelle im Inneren war mit frischem Wasser befüllt. Ich trank mich satt, verkroch mich in dem leeren Schlafhaus und grub mich in die warme, zu sandige Erde ein. Der Schlaf übermannte mich und ich ergab mich willig.

Kapitel 10

15. APRIL

Ich brauchte einen Plan. Das war mein erster Gedanke nach dem Erwachen. Einen Plan, wie ich meine Kameraden auf meine Seite ziehen konnte. Oder einen Plan, wie ich SIE alleine zur Strecke bringen könnte. Ich war fest davon überzeugt, dass SIE nicht aus barmherzigen Gründen gehandelt hatte, als SIE uns ein DAHEIM baute und uns übernahm. Diese Spezies machte das nicht. Essen wollte uns SIE mit hoher Wahrscheinlichkeit nicht. Ich grübelte und grübelte und kam zu keinem Ergebnis.

Im fast durchsichtigen Haus war ich alleine erwacht. Ich lag einsam in einem viel zu großen Schlafhaus. Das fast durchsichtige Haus war verschlossen. Wo am Abend zuvor noch eine Öffnung war, sah ich jetzt eine geschlossene fast durchsichtige Wand. Ich war gefangen. Ich saß in einer fast durchsichtigen Schildkrötenfalle fest. Panik erfasste mich. Sekunden später registrierte ich aus dem Augenwinkel, dass der fast durchsichtige Eingang lautlos in die Höhe glitt, der mir verhasste rote Gummistiefel erschien und schob einen großen Stein derart unter die Eingangstür, dass diese offen blieb. Mir kam in den Sinn, dass diese Konstruktion auffallend einer Guillotine glich.

Ein kalter Wind drang durch den geöffneten Eingang zu mir, über mir hörte ich ein prasselndes Geräusch. Wassertropfen liefen außen an den fast durchsichtigen Wänden herunter. Regenwetter – auch das noch. Zu meiner sowieso schon verhagelten Stimmung stieg die Erinnerung an Regenwetter im Gefängnis auf. Regenwetter bedeutete: keine Himmelsonne, keine Wärme, kein Essen, keine Bewegung und stunden- oder tagelanges Ausharren auf stinkendem Untergrund. Ich musste zugeben, dass das fast durchsichtige Haus eine gute Sache war. Mir war mollig warm, ich konnte mich bewegen, es gab Wasser und die Pflanzen, die hier wuchsen, waren fressbar, wenn auch nicht besonders lecker. Der Boden war zu sandig, aber er stank nicht.

Nachdem ich mich ausgiebig gestreckt hatte, besetzte ich die Steinplatte, die inzwischen in der hellen Sonne lag und hoffte auf Besuch meiner Kameraden. Eine lange Zeit verstrich, in der ich meinen Gedanken nachhängen konnte. Den Hintergedanken von SIE, den versuchte ich zu ergründen. Warum wohnten wir jetzt hier? Da SIE uns offenbar nicht essen wollte, versuchte SIE sich vielleicht an uns zu bereichern. Erst aufpäppeln und uns dann verkaufen? Unwahrscheinlich! Wer will schon griechische Männerschildkröten. Im Gefängnis wurden auch immer nur die Frauen gekauft. So sehr ich mein Gehirn auch anstrengte, mir fiel nichts mehr ein. Eventuell lag das auch an meinen rumorenden Innereien. Der Hunger plagte mich schon eine ganze Zeit. Die Pflanzen im fast durchsichtigen Haus schmeckten mir nicht und ich überlegte, das warme Plätzchen kurz zu verlassen, um draußen nachzusehen, ob noch Blüten vom gestrigen Tag übrig geblieben waren. Genau in diesem Moment landete mit einem leisen Plop ein Kirschbaumblatt neben mir. Erschrocken zog ich den Kopf tief in den Panzer ein. Von diesem sicheren Platz aus konnte ich eine große Anzahl Blätter von oben herabrieseln sehen. Als der Segen von oben endete und alles still blieb, machte ich mich über die Blätter her. Bald hatte ich den ganzen Berg verschmaust. Neugierig musterte ich die Decke hoch über mir. Ich sah einen Spalt zwischen den fast durchsichtigen Wänden. Ich dankte dem Schildkrötengott, dass ein Kirschbaum direkt über dem fast durchsichtigen Haus wuchs und er die Äste geschüttelt hatte.

Es regnete schon den ganzen Tag. Der Regen wollte und wollte nicht aufhören. Zum Eingang wagte ich mich nicht hinaus, zum einen war der Regen wirklich stark, zum anderen drohte die Guillotine. In der Ferne konnte ich das Giggeln und Gackern der Kleinen hören. Immer wieder erscholl die Ode an D. Die Stimmen meiner Kameraden hörte ich auch, aber die Worte konnte ich nicht verstehen. Kurz vor Mittag regnete es Rosenblätter und Brombeerblätter durch den Spalt in der Decke des fast durchsichtigen Hauses. Wieder dankte ich dem Schildkrötengott und wunderte mich, dass ich die Rosen- und Brombeersträucher noch nie bemerkt hatte.

Mein Mittagsschlaf war unruhig und der Nachmittag verging ereignislos. Vor dem brandgefährlichen Eingang des fast durchsichtigen Hauses lag jetzt ein Haufen Blätter. Ich ließ ihn liegen. Keiner meiner Kameraden kam zu mir. Der Regen klopfte monoton auf das Dach. Ich fühlte mich einsam. Ich war wütend. Ich war traurig. Lange bevor es Abend wurde, verzog ich mich in das Schlafhaus. Ich vergrub mich in der zu trockenen Erde und weinte mich in den Schlaf.

Kapitel 11

16. APRIL

Die Sonne weckte mich an diesem Morgen. Sie schien in mein Schlafhaus. Der Eingang des fast durchsichtigen Hauses war schon oder noch offen, ich wusste es nicht. Der Hunger bohrte in meinen Eingeweiden und ich untersuchte das System der Eingangstür. Den Stein, der die Tür oben hielt, beroch ich ausgiebig, dann versuchte ich mit aller Kraft ihn wegzuschieben. Es war ein sehr schwerer Stein, ich konnte ihn nicht bewegen. Angestrengt lauschte ich nach verdächtigen Schritten. Nichts war zu hören. Ich nahm Anlauf und rannte so schnell ich konnte unter der lebensbedrohenden guillotineähnlichen Falltür hindurch. Die Blätter vom Vortag lagen noch unberührt auf dem Boden. Zwar waren sie etwas trocken, ich nahm trotzdem ein wenig davon zu mir. Heute hatte ich mir vorgenommen, SIE zu beobachten. Unauffällig und aus sicherer Entfernung. Ich erhoffte mir neue Erkenntnisse über ihre Beweggründe uns gefangen zu halten, außerdem würde ich so etwas über SIEs Tagesablauf erfahren und eventuell eine Schwachstelle finden, in der SIE angreifbar war. Auf die Hilfe meiner Kollegen vertraute ich nicht. Der Einzige, der noch in Frage kam, war Pfannkuchen. Pfannkuchen war ein Angeber, ein Großmaul, der alles für sich haben wollte. Vom Teilen hielt er nicht viel. Ständig versuchte er, die Macht an sich zu reißen. Oft griff er mich und Rammbock gleichzeitig an; das war dumm, aber mutig. Ja, mutig war Pfannkuchen. Im Gefängnis hatte er mehrere Male die Alte, die uns dort fütterte, in die Zehen gebissen und einmal hatte er sogar einen Hund verjagt. Einen kleinen Hund zwar, aber immerhin, das musste man sich erst mal trauen. In meinen Erinnerungen versunken, hatte ich den Berg Blätter vertilgt. Jetzt sollte ich in den vorderen Teil von DAHEIM gehen, doch es grauste mir vor der Begegnung mit meinen „Freunden". Ich wusste nicht so genau, wie ich mich verhalten sollte. Einen auf alten Kumpel machen, beleidigt sein, so tun als ob nichts geschehen wäre – ich konnte mich nicht entscheiden.

Nachdenklich und sehr langsam bog ich um die Ecke und konnte dann dank meines außerordentlich guten Sehvermögens ganz weit vorne SIE entdecken. Sie beugte sich über DAHEIM und tätschelte Pfannkuchen den Kopf. Dann hielt sie ihm eine gelbe Blüte unter die Nase und Pfannkuchen biss ab. Auf Pfannkuchen als Verbündeten musste ich also auch verzichten. Offenbar waren alle glücklich hier und fühlten sich wie im Paradies. Mit SIE als Engel. Ich wusste es besser! SIE gehörte einer Spezies an, die böse war. Die Spezies herrschte über alles, zerstörte alles und tat nichts Gutes. Ich hatte genug Vertreter ihrer Art in meinem langen Leben kennen gelernt.

SIE trieb sich den ganzen Vormittag im und am DAHEIM herum. Ich weidete und sah SIE zu beim Reinigen der Wasserstellen. SIE sammelte unsere allesamt matschigen Haufen auf. SIE trug die alten Futterreste weg. Immer wieder hielt SIE den geheimnisvollen Apparat auf uns. Ab und zu blitzte er auf. Bei den Kleinen hielt SIE sich sehr lange auf. Ich sah, dass SIE dem stummen Stummelfuß ein Bündel verschiedener Blätter hinhielt, damit er abbeißen konnte. Wenn mir ein Kollege über die Füße lief, grüßte ich freundlich und sprach ihn mit seinem Buchstaben an, den ich vom Panzer ablesen konnte. Als aber Ichbinunsichtbar „Hallo A" zu mir sagte, zischte ich ihn böse an. Ich drohte ihm die Prügel seines Lebens an, wenn er mich jemals wieder A nannte.

Zur Mittagszeit verzogen sich alle, auch SIE. Wir in irgendwelchen Höhlen, unter Pflanzen oder in die beiden Häuser, SIE in das gelbe Haus.

Mein Mittagsschlaf wurde jäh unterbrochen. Laute Stimmen, Gelächter und vielfaches Getrampel störte die Ruhe. Eine Schar Menschen wurde von SIE zum DAHEIM geführt. SIE gestikulierte und deutete oft auf das DAHEIM. Ich konnte sehen, dass SIE sprach, ihre Lippen bewegten sich. Leider verstand ich nichts, da die Kleinen, ebenfalls vom Lärm geweckt, begannen die Ode an D zu singen. Auf eine Melodie konnten sie sich nicht einigen. Diese Kakophonie übertönte die Worte von SIE. Die Menschen und SIE blieben lange am DAHEIM stehen. Einige pflückten Blumen und hielten sie meinen vertrauensseligen Kameraden, die sich den Menschen und SIE genähert hatten, vor die Mäuler. Und Pfannkuchen ließ sich wieder von SIE den Kopf kraulen und streckte dabei seinen Kopf so weit vor, wie möglich. Ich kam mir vor wie im Zoo. Im Zoo! Das war des Rätsels Lösung. Wir waren in einem Zoo gelandet und ab jetzt würden täglich Menschenmassen an uns vorbeiziehen und uns ungesundes Futter vor die Mäuler werfen. SIE würde Eintrittsgelder kassieren und wir müssten posieren und uns zur Schau stellen. Vorbei mit der beschaulichen Ruhe im DAHEIM. Aus und vorbei.

Nach einer Ewigkeit gingen SIEs Artgenossen begleitet von SIE in das gelbe Haus und ich verließ meine Höhle, um zu weiden. Nach dem gestrigen Regen war das DAHEIM mit leuchtenden gelben Blüten übersät. Obwohl ich gewaltige Bauchschmerzen hatte, aß ich von ihnen, bis nichts mehr in mich hineinpasste. Die Himmelsonne stand schon tief. Bald würden sich meine Kameraden zum Schlafen im Haus versammeln. Ich wollte dazustoßen und ihnen von dem Ergebnis meiner Ermittlungen berichten. Voller Vorfreude und mitteilsam wie selten, betrat ich wenig später das Haus. Ich lümmelte mich unter die Sonne, streckte ihr alle meine Glieder entgegen und wartete auf meine Freunde. Und wartete, und wartete. Es kam niemand. Kruzifix, sie wollten wohl alle die Nacht im fast durchsichtigen Haus verbringen. Es war zu spät, um noch dorthin zu gehen. Die Himmelsonne war im Begriff unterzugehen, die Kühle der Nacht breitete sich bereits aus. Eine weitere einsame Nacht stand mir bevor. Ich verkroch mich in ein Schlafhaus. Der beste Platz war mir scheißegal, niemand würde sich mit mir darum streiten. Ich vergrub mich halbherzig, schloss die Augen, registrierte das Verschließen der Tür und schlief die dritte Nacht in Folge einsam ein.

Kapitel 12

17. APRIL

Das Heulen des Windes weckte mich nach einer unruhigen, weil einsamen Nacht. Die Haussonne erschien und ich hörte von DRÜBEN verschlafenes Gemurmel und Panzer, die aneinander rieben. Der Geräuschpegel ließ darauf schließen, dass sich höchstens drei oder vier Kleine im Haus befanden. Das fast durchsichtige Haus war wohl gut besucht. Immer wieder hörte ich Regen auf das Dach prasseln. Ich kroch unter die Haussonne und vermisste meine Kameraden schmerzlich. Die Kleinen von DRÜBEN summten die Ode an D. Wieder völlig schräg und disharmonisch. In der Ferne grollte Donner und der Wind legte noch einen Zahn zu. Draußen wurde es wieder dunkel, ein Blitz zuckte, der Donner folgte fast zeitgleich. Der Regen hämmerte immer stärker auf das Dach, es war so laut, dass ich die Kleinen nicht mehr hören konnte. Das Weiden würde heute wohl ausfallen. Mein Magen war damit nicht einverstanden. Das Geräusch des trommelnden Regens wurde stärker, als die Tür freigeräumt wurde. Ich sah kurz die Hand von SIE und unmittelbar darauf bekam ich eine Ladung triefend nasser Blätter ins Gesicht geworfen. Eine Weile widerstand ich trotzig dem verlockenden Duft. Der Regen ließ etwas nach und auch der Wind beruhigte sich. Ich hörte die schmatzenden Geräusche der fressenden Kleinen. Mein Magen schmerzte inzwischen vor Hunger und ganz leise knabberte ich meine Blätter.

Im Laufe des Vormittags besserte sich das Wetter, die Himmelsonne ließ sich hin und wieder blicken, nur der Wind legte sich nicht. In mir brannte die Ungeduld, ich wollte unbedingt meine Kameraden davon unterrichten, dass wir in einen Zoo geraten waren, also zog ich los. Die Himmelsonnenstrahlen wärmten mich nicht, der kalte Wind war unangenehm. Ich lief eng an den Brettern entlang und nutzte ihren Windschatten. Mein Ziel war das fast durchsichtige Haus, denn dort vermutete ich meine Freunde. Im Tal angekommen genoss ich den geschotterten Weg, das Gras war klatschnass und eiskalt gewesen. Der Wind pfiff über das Tal hinweg, ich machte mich so niedrig wie möglich und robbte auf dem Bauch bis zum Ende des Schotterwegs.

Im fast durchsichtigen Haus herrschte gute Stimmung. Die Sonnen schienen, der Boden war mit frischen Kräutern bedeckt und meine Kameraden saßen darauf und speisten. Auch von DRÜBEN hörte ich

es knuspern. Ich grüßte laut, damit mich die Kleinen auf der anderen Seite auch hören konnten. Ein undeutliches Kauderwelsch aus „Guten Morgen“, „Hallo“, „Servus“, „Auch da?“, „Jou, was geht“ und ein quietschvergnügtes „Kuckuck“ von DRÜBEN tönte mir entgegen. Ich atmete tief ein und wollte gerade von meiner wichtigen Entdeckung berichten, da forderte Kopulus uns auf, ihm unter die Sonne zu folgen, er werde noch erzählen, was er beim Tierarzt erlebt hatte. Sofort erhoben sich meine verblendeten Freunde, ließen die inzwischen unappetitlichen, weil verkackten Kräuterhäufchen zurück und sortierten sich auf und um die Steinplatte. Da es draußen wieder zu regnen begonnen hatte, blieb mir nichts anderes übrig, als ebenfalls zuzuhören. Ich erfuhr nun, dass Kopulus im Auto auf SIEs Schoß in einer Kiste sitzend von SIE davor bewahrt worden war, allzu sehr durchgeschüttelt zu werden. In jeder Kurve hatte SIE die Kiste angehoben, damit Kopulus in der Waagerechten blieb. Kopulus beschrieb jede Kurve ausführlich, dann skizzierte er das Innere der Kiste mit unendlich vielen Worten. Nach einer langen, langen Zeit musste Kopulus zur Wasserstelle laufen, denn seine Stimme versagte langsam. Das war meine Chance. Ohne Einleitung legte ich los. Ich versuchte, mit bedeutungsvoller Miene meinen Worten Nachdruck zu verleihen und schmetterte in die Runde:
„ZOO! Wir werden in einem ZOO gefangen gehalten! Wir werden angeglotzt! DAHEIM wird voller Gaffer sein!“ Die Reaktion darauf war nicht wie erwartet. Ein Geräusch, das sich aus „cool, toll, klasse, wow, spitze und boah“ zusammensetzte, hatte ich mir nicht erträumt. Eine helle Stimme von DRÜBEN piepste: „Wir werden berühmt“.

Meine Hoffnungen, einmal in meinem Leben frei zu sein, autark, ohne Aufsicht, schwanden dahin. Meine Artgenossen waren glücklich, sie genossen das faule Leben, das DAHEIM sicherlich angenehmer war als im Gefängnis, aber über den Tellerrand sahen sie nicht hinaus. Sie wussten nicht, wie es in einem Zoo zugeht. Sie ahnten nichts von den lärmenden Menschenmassen, von den schreienden Kindern, von den Zigarettenkippen und den Bonbonpapierchen, die den Weg in unser DAHEIM finden würden. Ich resignierte. Ich würde meine Kameraden nicht bekehren können, ich hatte verloren. Mental erschöpft drehte ich mich um und ging in den Regen hinaus.

Pudelnass und durchgefroren erreichte ich das Haus. Ich quälte mich die Stufen hinauf und legte mich unter die Haussonne. Dort begann ich meine Gedanken zu ordnen: Wir lebten in einem Zoo. Das bedeutete: relative Sicherheit. Unser Leben war durch SIE nicht bedroht. SIE würde unser DAHEIM sauber halten, SIE würde uns füttern und uns pflegen. SIE würde mit den Eintrittsgeldern reich werden. Es bedeutete auch: Nicht enden wollende Besucherströme, Lärm, Unruhe, Müllberge, und im schlimmsten Fall könnte es sich hier sogar um einen Streichelzoo handeln. Womöglich begehbar.

Dieses Schicksal musste ich von uns abwenden! Und zwar ganz alleine! Und wenn ich dabei drauf gehen würde!

Müde vom Gedankenordnen schlief ich eine Runde und erwachte voller Tatendrang. Die Wolken hatten sich ausgeregnet, die Sonne schien und es war etwas wärmer geworden. Vor dem Besucherandrang wollte ich noch etwas zu mir nehmen. Während des Besucherandrangs wollte ich mich in einer den Besuchern abgewandte Höhle verstecken. Mein Stolz ließ es nicht zu, mich zur Schau zu stellen. Nebenbei würde ich versuchen, SIE im Auge zu behalten, um die besagte Schwachstelle zu finden. Denn mein Entschluss stand fest. SIE musste sterben. Es gab keine andere Option. Ohne SIE – kein Zoo. Ohne SIE – Freiheit. Irgendwann könnten wir die Bretter überwinden oder untertunneln oder plattwalzen, wenn sie anfingen zu verrotten. Und dann wären wir frei. Wir könnten zurück nach Griechenland laufen. – Der Gedanke war neu. Und so verlockend. Ich begann von Griechenland zu träumen und trieb mich dabei weidend im DAHEIM herum.

So verging der Nachmittag. Meine unbeschwerten Freunde kreuzten meinen Weg, sie knabberten wie ich an den jungen Pflänzchen, liebten sich, stritten sich und hatten Spaß. Die von mir erwarteten Besucherströme blieben aus. Das Wetter bot sich auch nicht für einen Zoobesuch an. Von Zeit zu Zeit ließ sich SIE blicken, werkelte im DAHEIM herum, rückte einen Baumstamm zurecht und verscheuchte Pfannkuchen, der beharrlich versuchte, SIE die Füße zu küssen. Immer, wenn eine Keilerei unter meinen unbelehrbaren Kollegen ausbrach, war SIE zur Stelle und schritt ein. Der aggressivste wurde von SIE weggetragen und kehrte nach etwa 30 Minuten zurück. Meistens handelte es sich dabei um Rammbock und Pfannkuchen. Es wurde langsam kühler und ich überlegte, in welchem Haus ich übernachten sollte. Ich hatte Sehnsucht nach Nähe und Gedränge um den besten Schlafplatz. Ich entschied mich für das Haus, denn ich fürchtete, dass das fast durchsichtige Haus bei sehr starkem Regen geflutet werden könnte. Es führten ja keine Stufen hinein.

Ich hatte mich richtig entschieden. Im Haus waren bereits Schiefmaul und Ichbinunsichtbar. Später kamen noch Schisser und Pfannkuchen dazu. Wir fünf besetzten ein Schlafhaus und ich schlief geborgen ein. Dass SIE die Tür verschloss, verschlief ich.

Kapitel 13

18. APRIL

Regen, Regen, Regen. Zeit, an meinem Plan zur Tötung von SIE zu feilen. Über und neben mir lagen meine 4 naiven Artgenossen. Ich wurstelte mich unter ihnen hervor und vereinnahmte den höchsten Platz auf dem Steinhaufen. Plan A, SIE ein Auge herauszureißen, hatte noch Bestand. Ich erweiterte ihn. Plan A wäre jetzt, SIE zu Fall zu bringen und SIE dann ein Auge herauszureißen oder besser noch beide. Einen Plan B brauchte ich auch noch. Auf den Zufall, dass SIE von einem Blitz getroffen wird, hoffte ich nicht. Es fuchste mich, dass ich so klein und schwach war. Nichts kam in Frage. Ich konnte SIE nicht erstechen, erschießen, erwürgen, vergiften, erschlagen, enthaupten oder erhängen. Dazu war ich einfach körperlich nicht in der Lage. Mir fiel auch niemand ein, der SIE für mich liquidieren konnte. Ich kannte hier ja keinen – außer die schwarzweiße Katze. Beziehungsweise die Katzen. Meinen Beobachtungen zufolge wohnten im gelben Haus fünf Katzen, eine schwarze, die humpelte, eine wuschelige rotweißschwarze, eine braungetigerte, eine weißgraue und die schwarzweiße, die mich schon besucht hatte. Außerdem gab es noch eine weißschwarze Katze, die das Haus nicht betrat, sondern mehr draußen bei uns wohnte. Wahrscheinlich hatte diese Katze den wahren Charakter von SIE erkannt und wagte sich deshalb nicht in das gelbe Haus. Mit dieser Katze wollte ich versuchen, Kontakt aufzunehmen. Wir sprachen zwar nicht die selbe Sprache, aber vielleicht konnte ich mit meiner ausgeprägten Mimik und Gestik mit ihr ins „Gespräch" kommen. Bevor ich weiter über meinen Plan B nachdenken konnte, schoben sich meine vier einfach strukturierten Freunde aus dem Schlafhaus und ließen sich unter und neben mir auf dem Steinhaufen nieder. Die Haussonne, die erst vor ein paar Minuten schlagartig aufgegangen war, wärmte uns den Panzer. Während wir leise über das Wetter murrten und uns gegenseitig versicherten, welch blöder Monat der April sei, versuchte ich, mir die Buchstaben meiner blauäugigen Genossen in Erinnerung zu rufen. Ich wollte sie nicht verärgern, indem ich sie bei ihrem wahren Namen nannte. Schiefmaul war B. An seine Ansprache im fast durchsichtigen Haus erinnerte ich mich gut. Ichbinunsichtbar hatte ein E auf dem Panzer. Der Anblick seines wackelnden Hinterteils war in meinem Gedächtnis eingebrannt. Ich reckte den Kopf, um einen Blick auf Schissers Panzer zu werfen. Er trug ein F. F wie Feigling. Das konnte ich mir auch gut merken. Und Pfannkuchen zierte ein G. G wie Großmaul. Ebenfalls einfach. Ich versuchte, mich an die Buchstaben der anderen zu erinnern, aber das gelang mir nicht.

Es regnete den ganzen Tag. Wir verließen das Haus immer nur kurz, saßen im Regen und mümmelten die Blätter und Kräuter, die SIE uns brachte. Unsere Gespräche ermüdeten mich, drehten sie sich doch nur um das Wetter, das Futter und SIE. Zu allem Überfluss befanden sich alle neun Chorknaben in unserem Haus. Sie hatten vor, den Besuchern die Ode an D vorzutragen und übten das Stück stundenlang neunstimmig. Ich war zu keinem vernünftigen Gedanken fähig. Am Abend hatte ich das Gefühl, meine Ohren bluteten. Dankbar begrüßte ich das Verlöschen der Haussonne.

Kapitel 14

19. APRIL

In der Nacht hatte ich kein Auge zugetan. Ich nutzte die Stille aus, um nachzudenken. Plan A war noch nicht ausgereift, Plan B nicht vorhanden. Wenn ich die Katze dazu überreden könnte, SIE zum Stürzen zu bringen, hätte ich die Gelegenheit, SIE das Auge auszukratzen. Damit wäre Plan A durchführbar. Ich setzte „mit der Katze reden" auf meine heutige Agenda.

Die Haussonne ging auf und ich kraxelte vorsichtig unter meinen minderbemittelten Kameraden heraus. Sie wurden dadurch wach und es begann ein Run um den besten Sonnenplatz. Ich ließ sie rennen und wartete direkt vor dem Eingang auf das Öffnen desselben. Lange musste ich nicht warten, bis ich das Nähern von SIE an der

Vibration des Bodens spürte. Die Steine, Fliesen und Dachziegel wurden zur Seite gestellt, ich schoss heraus und prallte mit aller Kraft gegen den roten Gummistiefel. Ich wollte die Standfestigkeit von SIE testen. SIE fiel nicht um, SIE wackelte nicht einmal. Schnell machte ich mich davon und strebte meinem Lieblingsplatz unter den hängenden Büschen entgegen. Dort in der Nähe hatte die weißschwarze Katze einen Ruheplatz. Da es draußen noch sehr kalt war, brauchte ich für die Strecke sehr lange. Meine Bauchschmerzen quälten mich heute beträchtlich. Ich tendierte dazu, einige Stunden zu fasten und erst am Nachmittag etwas zu essen. Im hinteren DAHEIM gab es sowieso kaum etwas Essbares, was mir die Entscheidung erleichtern würde.

Die weißschwarze Katze war da. Sie lag zusammengekugelt auf einem Platz in der Himmelsonne. Vorsichtig näherte ich mich. Das kleinste Geräusch, das ich verursachte, ließ sie den Kopf heben. Ich versteinerte, sie starrte eine gewisse Zeit in meine Richtung und legte den Kopf wieder ab. Ich schob mich ein Stückchen näher an sie heran, jedes Blätterrascheln vermeidend. Als ich auf Hörweite herangekommen war, sprach ich sie an. Ich erzählte ihr von unserem Dilemma, beschrieb die Qualen der jahrelangen Gefangenschaft, erläuterte ihr meinen Traum von der Freiheit und versuchte, sie davon zu überzeugen, uns zu helfen, indem sie SIE zum Stolpern brachte und ich SIE das Auge auskratzen konnte. Die Katze starrte mich währenddessen in einem fort an. Als ich geendet hatte, sagte die Katze mit tiefer Stimme „Njau". „Njau" sagte auch ich, um unsere

Freundschaft zu festigen. Dann erhob sich die Katze, machte einen Buckel, streckte beide Hinterbeine abwechselnd weit von sich und ging davon. Ich war versucht, eine Zustimmung in ihr „Njau" hinein zu interpretieren.

Da saß ich nun unter meinen hängenden Büschen, mein Magen knurrte, die Himmelsonne wurde stärker und ich konnte meine gutgläubigen Schildkrötenbrüder hören, die das fast durchsichtige Haus verließen. Sie strebten dem vorderen DAHEIM zu, in dem das Frühstück wuchs, bzw. serviert wurde. Auf dem Weg vor dem DAHEIM stolzierte in diesem Moment die weißgraue Katze vorbei. Ich setzte meine neuen Sprachkenntnisse ein und rief ihr ein lautes „Njau" zu. Sie verstand mich und blieb stehen. Da damit meine Fähigkeit katzisch zu sprechen erschöpft war, versuchte ich es dieses Mal mit Gestik und Mimik. Ich deutete auf das gelbe Haus. Dann fuhr ich mir mit den Krallen des rechten Vorderbeins über die Kehle. Anschließend zeigte ich auf sie und brachte alsdann das Kunststück zustande, meine beiden Vorderfüße bittend aneinander zu schlagen. Interessiert hatte die Katze mich beobachtet. Ich hatte das Gefühl, sie verstand. Sie sagte mit einer unglaublich hellen Stimme „Miiii". Dann sprang sie ins DAHEIM und beschnupperte mich. Ihre Barthaare kitzelten und ich hielt tapfer meinen Kopf weit aus dem Panzer gestreckt. Dabei lächelte ich und nickte ihr freundlich zu. Die Katze sah mich dann lange an und kniff einige Male die Augen zu. Ich tat ihr nach. Unglaublich elegant entfernte sich die Katze gleich darauf und balancierte auf dem Rand des Brettes hin zum gelben Haus.

Ein Gefühl des Stolzes machte sich in mir breit. Der Vormittag war noch nicht vorbei und ich hatte schon zwei Katzen infiltriert. Meine Chance auf eine erfolgreiche Durchführung von Plan A war erheblich gewachsen.

Sinnierend wanderte ich den restlichen Vormittag durch das hintere DAHEIM. Plan B wollte und wollte nicht in mir reifen. Spontaneität sagt man uns Schildkröten nicht unbedingt nach, aber ich würde wohl auf sie zurückgreifen müssen, wenn sich irgendeine Gelegenheit bot.
Ich saß versteckt unter einem Dachziegel, als SIE Rammbock brachte. Zum ersten Mal konnte ich beobachten, wohin SIE die Übeltäter der wilden Kämpfe verbrachte. In die wirklich allerletzte Ecke von DAHEIM hatte SIE eine Art Verlies gebaut. Es war ein rundes, hohes Bauwerk, über dessen Rand ich nicht sehen konnte. SIE setzte Rammbock in das Innere, drohte ihm mit erhobenem Finger und ging in Richtung Regensee weg. Rammbocks Kopf schaute über den Rand, er war rot vor Zorn. Langsam schob er sich über den hohen Rand und brauchte alle seine Kräfte, um ihn zu überwinden. Die Zornesröte war einer Anstrengungsröte gewichen. Er pumpte wie eine Dampflok. Erschöpft plumpste er aus dem Verlies, sein Atem beruhigte sich langsam. „Das war aber nett von SIE", versuchte ich ihn aufzustacheln. Er missachtete mich und walzte davon.

Mir war inzwischen ganz schwindelig vor Hunger und ich sah mich gezwungen, vor dem Mittagspäuschen einen Weidegang einzulegen. Mit knurrendem Magen einzuschlafen, ist selbst für eine Schildkröte nicht leicht. Auf dem Weg nach vorne sah ich auf dem Rasen außerhalb von DAHEIM einen Rechen im Gras liegen. Die Zinken nach oben. Vor meinem inneren Auge sah ich SIE darauf treten und sich selbst den Schädel einschlagen. Hämisch lächelnd, das Szenarium auskostend, gesellte ich mich zu meinen irregeleiteten Genossen und weidete mich satt.

Nach dem Mittagspäuschen war der Rechen fort und ich enttäuscht. Blutspuren waren nirgends zu entdecken. Ich schimpfte mich selbst einen ungeduldigen Wicht und dachte an die Worte des Kalenderblattes zurück, das der Wind einmal ins Gefängnis geblasen hatte: Gut Ding will Weile haben.
Die Idee, SIE eine Falle zu stellen, in der SIE tödlich verunglückte, wurde genau in diesem Moment geboren. Plan B nahm Gestalt an. SIE war oft im DAHEIM unterwegs und hatte Werkzeuge dabei. Besagten Rechen, einen scharfkantigen Spaten und sogar ein Messer hatte ich schon gesehen. Alles potentiell tödliche Gegenstände. Das Messer mit der Klinge nach oben an einen Baumstamm gelehnt, den Rechen und den Spaten dergestalt drapiert, dass SIE hineintrat, stürzte und … aus die Maus. Plan B war perfekt. Und ich machte mir dabei nicht die Krallen schmutzig.

Der Nachmittag nahm seinen Gang, wir weideten, verkloppten und liebten uns. DRÜBEN wurde die Ode an D geübt. Das Lied hatte mittlerweile nur noch 4 Melodien, der Text wurde aber leider von einigen der Kleinen etwas zeitversetzt gesungen, was es nicht besser machte. Kopulus saß auf dem Aussichtshügel und lauschte verzückt. SIE hatte ich schon den ganzen Nachmittag lang nicht gesehen und es kamen auch keine Besucher. Vielleicht war Ruhetag. Die Himmelsonne versteckte sich hinter einer schwarzen Wolkenwand und es wurde rasch kühler. Die Nacht wollte ich im fast durchsichtigen Haus verbringen. Zum einen, um den singenden Kleinen zu entgehen, zum anderen wollte ich doch noch einmal versuchen, Rammbock zu beeinflussen. Für Plan B könnte ich nämlich seine Bärenkräfte gebrauchen. So ein Spaten wog was.

Stille empfing mich im fast durchsichtigen Haus. Es war noch keiner da. Die Steinplatte lag im hellen Sonnenlicht und ich platzierte mich genau in der Mitte. Nach und nach trudelten die anderen ein. Rammbock war der erste. Ich rutschte ein wenig zur Seite, damit er sich ebenfalls auf die Steinplatte legen konnte. Minicooper war Rammbock wie immer dicht auf den Fersen. Es erschienen noch Flaschenöffner und Schisser. DRÜBEN konnte ich die unverwechselbaren Humpelschritte von Stummelfuß hören, sonst kam niemand. Draußen war es jetzt dunkel, obwohl der Abend noch nicht da war. Sanfter Regen setzte ein, wurde aber bald stärker. Eintönig klopfte er auf das Dach, so laut, dass ein Gespräch mit Rammbock nicht möglich war. Bald verzogen wir uns in das Schlafhaus und bildeten einen gemütlichen Schildkrötenklumpen.

Kapitel 15

20. APRIL

In der Nacht war der Winter zurückgekehrt. Als ich erwachte, drosch der Regen auf das fast durchsichtige Haus ein, der Wind heulte und rüttelte an den Wänden. Die Temperatur im Schlafhaus war mir zu kühl, deshalb war ich froh, als die Sonne anging. Die Sonne, nicht die Sonnen. DRÜBEN wurde es hell, hüben blieb es dunkel. Ein wenig Wärme drang zu mir herüber, ich drängelte mich unter den Leibern meiner sorglosen Freunde hervor und setzte mich nah an das Brett. Ein wenig Wärme konnte ich dort erhaschen. So verharrte ich lange. Ich vermutete schon, dass meine einfältigen Kollegen in die Starre gefallen waren, als sie endlich auf der Bildfläche erschienen. Dass sie motzten und schimpften, konnte ich nur ihren Mienen und ihren Lippen ablesen, das Wetter war so laut, dass man sein eigenes Wort nicht verstand. In der Ferne grollte der Donner, Blitze erhellten die fahle Dunkelheit. In den Regen mischten sich Hagelkörner und erschütterten das Dach. Die Blitze wurden häufiger, das Donnern lauter. Die Temperatur war noch einmal gefallen, draußen herrschte ein Inferno. Plötzlich wurde die Falltür komplett entfernt und der Sturm konnte ungehindert in das fast durchsichtige Haus eindringen. SIE kam auf Händen und Knien angekrochen, diabolisch grinsend, denn zwischen den Zähnen klemmte ein gläserner Gegenstand. SIEs Gesicht kam meinen Krallen verführerisch nahe, doch bevor ich SIE ein Auge herausreißen konnte, räumte SIE uns alle zur Seite und hantierte mit einem langen, spitzen Werkzeug an der Sonne, die bald darauf hell erstrahlte. Rückwärts und immer noch auf allen Vieren, krabbelte SIE wieder aus dem fast durchsichtigen Haus heraus, die Falltür wurde verschlossen und der Wind war endlich ausgesperrt. Die Sonne tat ihr Werk und erwärmte die Luft und die Steinplatte, auf der das von SIE vergessene Werkzeug lag. Ich konnte mein Glück kaum fassen: SIE hatte sich soeben ihr eigenes Grab geschaufelt, denn ich besaß jetzt eine WAFFE. Ein spitzer Metallstab, so lang wie mein Panzer, ein roter Griff, weich und rutschfest. Mit beiden Vorderbeinen stützte ich mich auf den Griff meiner todbringenden Waffe. Der Metallstab ragte fast senkrecht in die Luft. Plan B war realisierbar. Rammbock betrat neugierig die Steinplatte und erschütterte sie mit seinem Gewicht leicht. Meine Waffe glitt mir aus den Füßen, fiel um und schlug Rammbock eine Kerbe in den Panzer.

Alle fünf lagen wir dann auf die zu kleine Steinplatte gequetscht unter der Sonne, um Wärme zu tanken. Meine Waffe lag abseits, denn Rammbock hatte ihr einen heftigen Stoß versetzt, nachdem sie ihn fast erschlagen hatte. Eine Unterhaltung war nicht möglich wegen des Wetterlärms und ich konnte meine Gedanken schweifen lassen. Plan A war unnötig geworden und ich stufte ihn herab, er wurde zu Plan B. Der neue Plan A war der alte Plan B und sah folgendermaßen aus: SIE arbeitet im DAHEIM mit dem Rechen oder dem Spaten. Ich schleiche mich von hinten an SIE heran und befestige meine Waffe so, dass der spitze Metallstab in die Höhe ragt. SIE stolpert über den Rechen oder den Spaten, den Rammbock eventuell vorher in die richtige Position rücken muss. SIE fällt und meine Waffe bohrt sich auf tödliche Art und Weise in SIE hinein. Da konnte nichts mehr schiefgehen. Der Plan war hieb- und stichfest. An dieser Stelle musste ich kichern.

Siedend heiß fiel mir ein, dass ich meine Waffe vor SIE verstecken musste. Sie lag gut sichtbar mitten im fast durchsichtigen Haus. Meine korrumpierten Mitinsassen durften davon nichts bemerken. Ich veränderte meine Position mehrmals und näherte mich damit meiner Waffe. Mit den Hinterbeinen begann ich dann eine längliche Grube auszuheben. Als sie mir tief genug erschien, rückte ich noch ein wenig näher, beförderte die Waffe in das Loch und scharrte die sandige Erde wieder darüber. Zur Sicherheit entleerte ich noch meinen Darm über dem Versteck. Der breiige Haufen war eine gute Tarnung. Meine dösenden Kameraden hatten von meiner

Aktion nichts bemerkt. Ich rutschte wieder zu ihnen und wir dösten gemeinsam.
Der Regen wurde schwächer, der Sturm legte sich und der Donner war nur noch ein entferntes Grollen. Es wurde hell und heller, dann leuchtete plötzlich die Himmelsonne. Kurz darauf hob sich die Falltür und SIE warf nasses Grünzeug herein. Meine verfressenen Freunde hoben die Köpfe und es begann ein großes Schieben und Drängeln. Ich wurde dabei überrannt, denn ich hatte es nicht eilig. Nach einer Weile gesellte ich mich dann doch zu ihnen und stillte meinen Hunger.

Das Wetter an diesem Vormittag blieb sehr wechselhaft. Immer wieder gab es Schauer und kurze Gewitter. Der Wind blies kalt und böig. In den sonnigen Phasen konnte ich kurz nach draußen, kam aber nie weit, dann drehte ich um und floh vor dem Wetter ins warme fast durchsichtige Haus. Das Versteck meiner Waffe blieb unberührt, die Kotpfütze war eine gute Idee gewesen.

Nach meinem Mittagsschlaf zeigte sich der April von seiner guten Seite und ich verließ bei strahlendem Himmelsonnenschein das fast durchsichtige Haus. Auf dem Weg nach vorne begegnete mir die weißschwarze Katze. Ich rief ihr ein „Njau" zu und zwinkerte dabei wie verrückt mit den Augen. Sie antwortete nicht und lief einfach weiter. Ich brüllte ihr ein „Miiiii" hinterher, das sie ebenfalls unbeantwortet ließ. Froh über meine Entscheidung, Plan A und Plan B getauscht zu haben, begann ich zu weiden und behielt dabei den Eingang des gelben Hauses im Auge. Obwohl die Himmelsonne kräftig schien, die Luft sich auf mindestens 25 Grad erwärmt hatte, die Vögel sangen und es herrlich nach Frühlingsblumen roch, blieben die Besucherströme aus. Kein Mensch kam uns begaffen, niemand warf Müll in unser DAHEIM. Nur SIE trabte einige Male vorbei, trug Wäschekörbe an uns vorbei, blieb auch mal stehen und schaute uns zu und trug Rammbock oder Pfannkuchen und einmal sogar Schiefmaul nach hinten.

Am späten Nachmittag veränderte sich mit einem Mal die Luft. Ein mächtiges Brausen erfasste die hohen Bäume ringsum. In Sekundenschnelle tobte ein heftiger Orkan in unserem DAHEIM. Trockene Blätter und kleine Äste sausten herum und verpassten mir Ohrfeigen. So schnell uns unsere Beine trugen, rannten ich und meine debilen Kollegen ins Haus. Bei den Kleinen gab es großes Geschrei. Einige waren in das fast durchsichtige Haus gerannt, andere waren wie wir in das Haus geflüchtet. Nur Stummelfuß hoppelte noch draußen herum. Große Äste wurden von den Bäumen gerissen und schlugen knapp neben ihm ein. Die Kleinen aus dem fast durchsichtigen Haus schrien nach Stummelfuß, die Kleinen neben uns ebenfalls. Stummelfuß irrte zwischen den Häusern hin und her, anscheinend hatte er die Orientierung verloren. Mit aufgerissenen Augen, den Atem anhaltend, sah ich eine Papiertüte, ein großes Stück Karton, eine Styroporplatte, Blätter und Äste wie in einem Tornado gefangen über unserem DAHEIM tanzen. Als eine große, blaue Plastikwanne durch das DAHEIM schlitterte und eine Spur der Verwüstung zog, dachte ich, es wäre um Stummelfuß geschehen, denn sie kam direkt auf ihn zu. Kurz bevor das blaue Ungetüm Stummelfuß erschlagen konnte, tauchte wie aus dem Nichts SIE auf und warf sich mit einem Hechtsprung dazwischen. SIE barg Stummelfuß an ihrer Brust und bewahrte ihn vor dem sicheren Tod. Stummelfuß wurde von SIE in das Haus gesetzt und der Eingang verdunkelte sich, als SIE die Fliesen, die Dachziegel und die Steine davorstellte.

Draußen tobte der Sturm und drinnen die Begeisterung. Alle krakeelten durcheinander, SIEs Heldentat wurde in den Himmel gehoben, jeder wusste etwas Gutes über SIE zu berichten. Wiederholt rief Kopulus, dass SIE ein Engel sei und vom Schildkrötengott auf die Erde geschickt worden war, um uns zu beschützen. Die Kleinen begannen, eine Ode an SIE zu schmettern. Es klang grauenhaft, es reimte sich nicht und es war ohrenbetäubend laut. Trotzdem fanden es alle toll und Kopulus rief hinüber, dass er ihnen beim Feilen an den Reimen helfen würde. Nur Stummelfuß und ich schwiegen.

Vor dem Schlafengehen kam es auf unserer Seite noch zu einer großen Prügelei um den besten Platz. Rammbock gewann und alle anderen versuchten sich über ihm zu stapeln. Im zweiten Schlafhaus fand ich den besten Platz und bald folgten Ichbinunsichtbar und Flaschenöffner, die drüben nicht mehr hineinpassten. Die Kleinen summten und tuschelten mich in den Schlaf.

Kapitel 16

21. APRIL

SIE ist so wunderbar,
SIEHIE ist immer da,
la, la, la, la, la, la.
Wie so ein Wihind war,
da war SIE auhuch da,
la, la, la, la, la, la,
SIE ist so wunderbar.

Mit diesem neuen Lied wurde ich von den Kleinen geweckt. Das war das Ergebnis ihres nächtlichen Tuschelns. Sie sangen es fast auf die Melodie von Griechischer Wein und Rigolettos La Donna e mobile. Ich versuchte meine Ohren zuzukneifen, was mir nicht gelang, und hoffte auf das baldige Öffnen des Eingangs. Nie hätte ich mir träumen lassen, dass es einmal so weit kommt, dass ich mir SIE herwünschte. Doch genau das tat ich. Um dieser Schallemission zu entkommen, hätte ich viel getan. Mein Wunsch ging in Erfüllung, der Eingang öffnete sich und ich entwich, im Schlepptau alle meine unbekehrbaren Artgenossen. SIE freute sich über den Ansturm, bückte sich zu uns herunter und tätschelte Pfannkuchen den Kopf, was der sich schnurrend wie eine Katze gefallen ließ. SIEs Auge kam meiner Kralle reizvoll nahe, aber bevor ich Plan B umsetzen konnte, wurde ich von hinten weitergeschoben und ich rutschte die Steinstufe hinunter. Im Laufschritt flitzte ich auch noch die anderen Stufen hinunter und machte erst langsam, nachdem ich die Höhle, die von der steinernen Schildkröte bewacht wurde, erreichte. Was ich dann sah, erfreute mein Auge und mein Herz gleichermaßen. Auf dem Schotterweg lagen der Rechen, der Spaten und grüne Arbeitshandschuhe. Ich sah mich um, entdeckte die Spuren, die der Sturm hinterlassen hatte und wusste: SIE hatte hier stundenlang zu tun. Zeit genug für mich, meine Waffe zu holen, sie zu installieren und zuzusehen, wie SIE ihr Leben aushauchte. Plan A, Phase 1 begann.

Eiligst marschierte ich los, immer den geschotterten Weg entlang. 20 Minuten später erreichte ich das fast durchsichtige Haus und barg meine Waffe. Mit dem Maul packte ich sie am Griff und zog sie aus der Kuhle hervor. Jetzt musste ich sie nur noch ungesehen in den vorderen Teil von DAHEIM schaffen. Ziehend und zerrend beförderte ich sie bis hinter das Schlafhaus. Dort musste ich erst einmal verschnaufen. Ich trampelte eine Pflanze platt und verdeckte damit den leuchtend roten Griff. Dann ließ ich mich auf dem Metallstab nieder. Von meiner Waffe war nichts mehr zu sehen. Der Marathonlauf und der Transport der Waffe hatten mich erschöpft und ich musste mich ausruhen. Einige Zeit später hatte ich mich so weit erholt, dass ich weitermachen konnte. Zuerst biss ich den Stängel einer hohen Pflanze durch, die besser geeignet war, meine Waffe zu verdecken. Ich würde die Waffe, wenn die Gefahr der Entdeckung drohte, unter der Pflanze verbergen. Ich versuchte, den Griff der Waffe und die Pflanze gleichzeitig in das Maul zu nehmen, um beides hinter mir her zu zerren. Mein Maul war leider zu klein. Es ging entweder das eine oder das andere. Also wechselte ich ab, zog erst die Waffe ein kleines Stück, dann die Pflanze. Bei jedem verdächtigen Geräusch packte ich die Pflanze auf die Waffe. So schuftete ich den ganzen Vormittag ohne Pause und kam bis zum Eingang des fast durchsichtigen Hauses. Dem Erschöpfungstod nahe rechnete ich aus, dass ich bis zum vorderen DAHEIM vier Tage brauchen würde. Mit letzter Kraft zog ich die inzwischen welk gewordene Pflanze notdürftig über die Waffe und brach zusammen. An Ort und Stelle hielt ich meinen Mittagsschlaf. Nicht einmal mein hungriger Bauch konnte mich davon abhalten.

Das kratzende Geräusch des rechenden Rechens weckte mich. SIE stand direkt vor dem fast durchsichtigen Haus und entfernte die Futterreste des Vortages. SIE beugte sich in das fast durchsichtige Haus hinein, nahm die welke Pflanze, die neben mir lag, griff nach meiner Waffe, schaute sie verwundert an, steckte sie in ihre Hosentasche, schnappte ihren Rechen und verließ mit einem großen Schritt das DAHEIM. Noch gar nicht richtig wach versuchte ich zu begreifen, was geschehen war. Mein schöner Plan A war in die Hose gegangen, Plan B schien an den begriffsstutzigen Katzen zu scheitern. Musste ich jetzt auf das natürliche Ableben von SIE warten? Das wäre eine Möglichkeit. Ich war erst 30, SIE schon mindestens über 50. Sie hatte vielleicht noch 30 Jahre, ich bestimmt noch 70. Aber 30 Jahre sind eine lange Zeit, wenn man sie in Gefangenschaft verbringen muss. Niedergeschlagen und trübsinnig ging ich nach vorne, ich hatte Hunger.

Vorne herrschte eine Bombenstimmung. Alle waren vergnügt und ich hörte aus jeder Ecke Gelächter. Die Kleinen sangen und balgten sich. Das DAHEIM war wieder sauber und ordentlich, die dicken Äste und der Unrat waren weggeräumt. Ich wollte den Aussichtshügel erklimmen, um nach Stummelfuß zu sehen, doch Pfannkuchen hinderte mich daran. Er saß bereits oben und biss nach meinen Vorderfüßen. Müde, hungrig und kraftlos überließ ich ihm sein neues Revier, verzog mich ins Grünfutterfeld und aß mich satt.

Besucher kamen auch an diesem Nachmittag nicht und ich begann daran zu zweifeln, ob wir wirklich in einem Zoo waren. Mit einem Zoo ohne Besucher war kein Geld zu verdienen. Andererseits dauerte es bestimmt auch eine Weile, bis sich die Neueröffnung eines Zoos herumsprach. Aber heute war schließlich Sonntag, die Glocken hatten in der Früh geläutet, es herrschte ideales Ausflugswetter, der Zoo, wäre es denn einer, müsste voll sein. Hin- und hergerissen, zweifelnd und verwirrt lief ich kreuz und quer durch DAHEIM. Als der Tag sich dem Ende zuneigte und Pfannkuchen den Aussichtshügel verlassen hatte, erklomm ich denselben und schaute, in welchem Haus die wenigsten Kleinen waren. Denn dort gedachte ich zu schlafen. Die Kleinen wanderten alle in das Haus, dort war wohl die Akustik besser. Also suchte ich das fast durchsichtige Haus auf, in dem sich alle meine SIE-süchtigen Kameraden bereits auf das Schlafhaus und brauchbaren Schlafplätze außerhalb davon verteilt hatten. Für mich war kein Platz mehr, also verließ ich das fast durchsichtige Haus wieder und vergrub mich unter den hängenden Büschen.

Kapitel 17

22. APRIL

Ich hatte ganz vergessen, wie kalt es nachts werden konnte. Spät am Vormittag erreichte mich der erste Himmelsonnenstrahl und erwärmte mich soweit, dass ich meine Glieder strecken konnte. SIE hatte mich nicht gefunden oder nicht gesucht, und ich hatte die erste Nacht draußen im DAHEIM verbracht. Ich schob mich unter den immer dichter werdenden hängenden Büschen heraus und suchte einen Sonnenplatz auf. Der steinige Platz vor dem Gebirge war warm und bot einen ausgezeichneten Überblick. Die Falltüren des fast durchsichtigen Hauses waren entfernt und lagen auf dem Dach. Darin, unter der Sonne, lagen Ichbinunsichtbar und Schisser. Im Gebüsch am Regensee rumorte Rammbock, die Kleinen konnte ich singen und panzerklopfen hören.

Sonst war niemand in der Nähe. Zeit meine Pläne zu überdenken. Meine Waffe hatte ich verloren, was ich im Nachhinein gar nicht so schlecht fand. Bei den polizeilichen Ermittlungen nach SIEs Tod hätte dieser Gegenstand vielleicht einen Verdacht auf mich werfen können. Es wäre also besser, SIE würde durch ihre mitgebrachten Werkzeugen ums Leben kommen. Ohne fremde Hilfe musste ich aber leider auf den Zufall warten, denn ich war nicht imstande, den schweren Spaten zu bewegen. Den Rechen traute ich mir gerade mal so zu, aber ihn umzudrehen, so dass die Zinken nach oben standen, schaffte ich sicherlich auch nicht alleine. Ein neuer Gedanke durchfuhr mich: Bei einem tödlichen Sturz SIEs könnte auch eine Grube helfen, eine Fallgrube. Graben konnte ich ganz gut. Ein neuer Plan formierte sich in meinem Kopf. Plan C: SIE tritt in eine von mir gegrabene Fallgrube, stürzt und schlägt mit dem Kopf auf einem Felsen oder ähnlichem auf. Ihr Schädel platzt … SIE tritt von der Bühne des Lebens ab. Das war der beste Plan überhaupt und ich machte ihn sofort zu Plan A. Der alte Plan A wurde auf den Platz von Plan B gesetzt. Plan B wurde zu Plan C.

Ich hatte unheimlich viel zu tun. Ich musste an jeder strategisch günstigen Stelle Fallgruben graben. Ich musste weiterhin versuchen, Kontakt mit den Katzen aufzunehmen und mein katzisch verbessern. Ich musste SIE im Auge behalten, um zur rechten Zeit am rechten Ort sein zu können. Denn wenn SIE da lag und nicht an den Folgen des Sturzes verenden würde, könnte ich ihr heimlich das Auge herausreißen. Heimlich deswegen, weil meine SIE anbetenden

Freunde mir die Beseitigung derselben übel nehmen könnten. Die Fallgruben würde ich auch heimlich graben müssen oder mir eine gute Erklärung für meine Mithäftlinge ausdenken. Eventuell würde mir ja noch etwas einfallen, womit ich sie animieren könnte, mir zu helfen.

Der neue Optimismus und die Himmelsonne hatten mich so weit erwärmt, dass ich meinen Platz verlassen konnte und mich aufmachte ins vordere DAHEIM, um meinen aufgebrachten Magen zu beruhigen und die ersten Plätze für meine Fallgruben auszusuchen. Vor den halbrunden Steinmauern war ein äußerst geeigneter Platz. Rechts ein großer Stein, links ein großer Stein, außen herum viele Backsteine, die die Mauern bildeten und in der Mitte die Wasserstelle, die SIE bis zu zweimal am Tag säuberte und füllte. Hier eine feine Fallgrube und SIEs Schicksal war besiegelt. Bevor ich mit dem Ausheben des Erdreiches anfangen konnte, musste ich mir noch eine Ausrede für meine neugierigen Artgenossen einfallen lassen. Darüber nachdenkend suchte ich den nächsten äußerst geeigneten Platz. Ich fand noch zwei. Einen vor dem Stadion und einen vor der Steinplattenhöhle, die nur Minicooper und vielleicht noch Ichbinunsichtbar betreten konnten, wir anderen waren zu groß. Im hinteren Teil von DAHEIM wusste ich auf Anhieb zwei äußerst geeignete Stellen. Mein Sonnenplatz am Gebirge und genau zwischen dem Verlies und der Dachziegelhöhle. Fünf Fallgruben mussten gegraben werden. Auch DRÜBEN bei den Kleinen gab es ein kleines Gebirge. Bestimmt war dort auch ein äußerst geeigneter

Platz. Vielleicht konnte ich die Kleinen in irgendeiner Art dahingehend beeinflussen, dass sie dort die Fallgrube ausheben würden. Meine To-Do-Liste war brechend voll. Ich fasste noch einmal zusammen und setzte Prioritäten. Das wichtigste überhaupt war das Graben und die Ausrede dazu. Das zweitwichtigste war die Animation zum Graben für die Kleinen, denn eine Fallgrube im DRÜBEN würde die Chance auf Freiheit verdoppeln. Das drittwichtigste war, Kontakt zu den Katzen aufzunehmen und besser katzisch zu lernen. Das viertwichtigste war, SIE zu beobachten, um jederzeit zuschlagen zu können, falls SIE aus Versehen fiel. Nach längerem Nachdenken musste ich die Prioritäten noch einmal neu verteilen. Das allerwichtigste war, SIE zu beobachten, um jederzeit zuschlagen zu können, falls SIE aus Versehen fiel. Denn das konnte ja jederzeit passieren und dann müsste ich zur Stelle sein. Ich musste SIE auf Schritt und Tritt folgen. Meine Hirnwindungen glühten, die Wärme des Mittags tat sein Übriges. Ich brauchte eine kühle Höhle für meine Mittagsruhe. Ich wählte die neu entdeckte unter dem Steinpömpel. Dass sie noch jungfräulich war, konnte man an dem hohen noch nicht niedergewalzten Gras vor dem Eingang sehen. Zufrieden mit mir und der Welt legte ich mich dort zum Schlafen nieder.

Den wunderschönen Nachmittag verbrachte ich mit Weiden, Beobachten und Denken, Denken, Denken. Einmal kam SIE mit einer Gießkanne in das DAHEIM, um die Wasserstellen aufzufüllen. Ich achtete genau auf den Weg, den SIE nahm, ich taxierte jeden Schritt genau. Die Stelle, an der SIE niederkniete, um die Wasserschale zu reinigen, markierte ich mit einem unsichtbaren Kreuz. Ich registrierte, dass SIE unsere Trampelpfade benutzte, und legte diese Information unlöschbar in meinem Gedächtnis ab. Ich brannte darauf, mit dem Graben anzufangen und überlegte fieberhaft, wie ich dies meinen Kameraden erklärten konnte. Parallel dazu zermarterte ich mir das Gehirn, wie ich die Kleinen dazu bringen konnte zu graben. Und zwar an der richtigen Stelle. Gegen Abend stellte ich meine ergebnislose Hirntätigkeit ein und wanderte in das fast durchsichtige Haus. Heute würde ich mir dort einen Schlafplatz erkämpfen, denn eine zweite eiskalte Nacht wollte ich meiner Gesundheit nicht zumuten. Kämpfen musste ich dann nicht um einen Schlafplatz, wir waren nur zu fünft. Rammbock, Schisser, Schiefmaul, Minicooper und ich arrangierten uns im Schlafhaus und erzählten uns gegenseitig Gute-Nacht-Geschichten. Als ich an der Reihe war, erzählte ich von Griechenland. Von den deliziösen Futterpflanzen, die dort wuchsen und den Mädels, die dort haufenweise auf Männer warteten.

Kapitel 18

23. APRIL

Meine Gute-Nacht-Geschichte hatte meine Fantasie angeregt und bescherte mir einen wunderschönen Griechenlandtraum. Ich lustwandelte im Land meiner Vorväter, naschte an den schmackhaftesten Pflänzchen und ein Schwarm weiblicher Fans folgte mir, wohin ich auch ging. Diesem schönsten Traum meines bisherigen Lebens nachhängend, wartete ich auf das Öffnen des fast durchsichtigen Hauses. Zum Nachdenken musste ich alleine sein, das Gebrabbel meiner grenzdebilen Freunde störte mich zu sehr. Lange musste ich nicht warten. SIEs Schritte erklangen, die Tür hob sich erst hüben dann DRÜBEN, der rote Gummistiefel schob den Stein zum Feststellen der Tür ein Stückchen nach vorne und die übliche Portion Futter rieselte von oben herunter. Dann verließ uns

SIE und SIEs Schritte verklangen. Meine dem Hungertod nahen Kameraden stürzten sich auf die Mahlzeit und angeregt von ihrem Schmatzen und von den delikaten Pflanzen meines Traumes, formte sich in meinem Hirn eine Idee für die Ausrede.

Ich stolzierte an meinen fressenden Kollegen vorbei und informierte sie herablassend, dass sie Dreck fraßen. Ich würde mir etwas einzigartig Köstliches beschaffen, die Wurzel des Wonnentaus, die neben der sättigenden Wirkung auch noch berauschte, als hätte man vergorenes Obst gegessen. Nach diesen von oben herab gesprochenen Worten wandte ich mich um und ließ sie mit offenen Mäulern zurück. Eilig machte ich mich davon. Mein Darm hatte den Drang, sich zu entleeren und dieses Geschäft wollte ich in der Wasserschale an den halbrunden Mauern erledigen. Dort an der Stelle mit dem unsichtbaren Kreuz könnte ich dann in Ruhe graben, auf der Suche nach der Wurzel des Wonnentaus. Ich lief die Strecke bis zur Wasserschale an den halbrunden Mauern in einer neuen Rekordzeit und schaffte es gerade noch hinein. Das frische, klare Wasser trübte sich augenblicklich, meine butterweiche Ausscheidung löste sich rasch auf.

Der einzige Nachteil an der äußerst geeigneten Stelle vor den halbrunden Mauern war die Nähe zur Terrasse von SIE. Diese Terrasse, bisher unordentlich und mit Kram vollgestellt, war jetzt aufgeräumt und wohnlich gestaltet. SIE beschäftigte sich dort mit Dingen, die ich in grausamer Erinnerung hatte. Ich sah die gammelige Rolle Klebeband, das karierte Papier, das grüne Büchlein und auch die Appa-

ratur mit dem unheimlichen blitzenden Auge. Ich verschob meine Grabeaktion an dieser Stelle. Da mein Magen vernehmlich knurrte, entfernte ich mich weidend von der äußerst geeigneten Stelle und schlug den Weg Richtung Stadion ein. Dahinter, vor SIEs Augen verborgen, könnte ich ungesehen graben. Auf dem Aussichtshügel gegenüber des Stadions thronte Pfannkuchen und bewachte sein neues Revier. Ich schmeichelte ihm ein wenig, versicherte ihm, wie gut ihn das G auf seinem Panzer kleidete und fragte ihn, was er denn zum Frühstück gehabt hätte.
„Blätter, Kräuter, Blüten und so", lautete die Antwort.
Ich köderte ihn mit der Erzählung von der Wurzel des Wonnentaus, die sättigte und berauschte und die ich genau vor dem Stadion erschnuppert hätte. Gierig saugte Pfannkuchen meine Geschichte auf, tat aber gelangweilt. Ich ließ ihn sitzen, ging weiter und wusste genau: Diese Fallgrube würde nicht ich graben.

Im Laufe des Vormittags weckte ich in all meinen gierigen Kameraden das Begehren nach der Wurzel des Wonnentaus. Ich versprach, ihnen nach meinem Mittagspäuschen die richtigen Plätze zum Graben zu zeigen und genoss anschließend in der fast jungfräulichen Höhle den Schlaf eines Gewinners.

Energiegeladen erwachte ich und versuchte auf Zehenspitzen meine Höhle zu verlassen, um nicht so viel Gras zu zertrampeln, das den Eingang so gut tarnte. Ich stützte mich mit den Vorderbeinen auf einen Baumstamm, reckte den Kopf, so weit es mir möglich war und konnte über das üppig sprießende Grün hinwegschauen. Vier meiner Marionetten waren schon wach und gruben fleißig. Die Gier nach der Wurzel des Wonnentaus hatte sie gepackt und sie konnten es nicht abwarten. Schnuppernd liefen sie umher und gruben ziellos kleine Löcher. Bevor ich ihnen die passenden Stellen für meine Fallgruben zeigen konnte, betrat SIE, ein großes Brett vor sich hertragend, das DAHEIM. Sie ging den Schotterweg entlang und legte das Brett auf die Erde. Dann setzte SIE sich daneben ins Gras und machte nichts. SIE saß einfach im Gras. Meine immer hungrigen Freunde hoben die Köpfe, beendeten die sinnlose Graberei und rannten los zum Futterautomat de luxe, der ihnen bestimmt auch noch die Bärte kraulen würde. Immer noch auf den Baumstamm gestützt sah ich zu, wie meine schleimigen Kollegen sich prostituierten. Sie schnupperten an SIE, sie kletterten über SIEs Beine, sie fraßen saftige Blätter aus SIEs Hand. SIE streichelte ihnen die Köpfe, schubberte ihre Panzer und richtete immer wieder das blitzende Auge auf sie. In Windeseile landeten alle vier für eine Sekunde auf dem Rücken und SIE blitzte sie mit dem Augenapparat. Meine verliebten Genossen störten sich nicht daran und biederten sich weiter an. Den ganzen lieben langen Nachmittag blieb SIE im DAHEIM sitzen. Außer Pfannkuchen, Schisser, Flaschenöffner und Ichbinunsichtbar konnte SIE nur noch Kopulus anlocken, die anderen hielten sich hinten auf und bemerkten nichts von SIE. Und obwohl SIE mich auf meinem Baumstamm sehen konnte, musste ich die Prozedur nicht über mich ergehen lassen, SIE ließ mich in Ruhe.

Am Abend zog ich mich ins Haus zurück, obgleich ich mich vor den Gesängen der Kleinen fürchtete. Ich wollte sie mit meinen Geschichten über Griechenland bannen und ihnen von der Wurzel des Wonnentaus erzählen. Außerdem wollte ich sie mit den Spielregeln des Heiß-Kalt-Spiels vertraut machen, um sie damit an die richtige Stelle lotsen zu können. Nachdem SIE den Eingang des Hauses verschlossen hatte, begann ich zu erzählen.

Kapitel 19

24. APRIL

Den Geschichten aus Griechenland hatten die Kleinen begeistert gelauscht, die Regeln des Heiß-Kalt-Spiels aber konnte ich ihnen nicht schlüssig erklären. Auch mit der Wurzel des Wonnentaus konnten sie nicht viel anfangen, ihre Rauschzustände hatten sie wohl aufgrund ihres jugendlichen Alters verschlafen und sie hatten keine Erinnerung daran. Dieses Resümee zog ich am Morgen nach dem Aufwachen. Ich nahm mir vor, in den Kleinen und auch meinen erwachsenen Brüdern die Sehnsucht nach Griechenland zu wecken. Jeden Abend wollte ich ihnen die Schönheit unseres natürlichen Habitats beschreiben und ihnen auch etwas über die Mythologie vermitteln. Die Sagen um Zeus und seine fünf Geschwister Demeter, Hades, Hera, Hestia und Poseidon würden sie fesseln, da war ich mir absolut sicher.

Als SIE den Eingang öffnete, verließ ich zügig das Haus, um zu weiden. Die Kleinen stürzten sich auf das ausgelegte Futter und rannten von Ecke zu Ecke, um die besten Happen zu ergattern. Ihre Meins-meins-Rufe dröhnten in meinen Ohren und ich begab mich außer Hörweite. Die schweren Schritte von SIE kündigten ihr Kommen an und ich versteckte mich in der Höhle der steinernen Schildkröte. SIE klaubte die vertrockneten Futterreste des Vortages zusammen und versenkte sie in einem großen, grünen Eimer. Dabei kam SIE mir immer näher. Ich zog mich weiter in die Höhle zurück. Würde SIE nach mir greifen, würde ich zubeißen. Aber anstatt mich aus der Höhle zu angeln, legte SIE eine herrlich duftende, rote, zugegebenermaßen wunderschöne Blume in den Eingang und ging weiter. SIE beachtete mich nicht mehr und hob weiter die zugekackten Pflanzenreste auf. Mein Hunger war gigantisch, der Bestechungsversuch lag direkt vor meiner Nase. Mein Widerstand schmolz dahin. Vorsichtig lugte ich um die Ecke, sah nach rechts und nach links. Niemand in der Nähe. Ich verzehrte die wunderbare Blume heimlich und leise. Als das DAHEIM blitzsauber, die Wasserstellen gereinigt und aufgefüllt waren und die Erde im Haus gegossen war, verzog SIE sich endlich, und ich konnte zu meinen Brüdern vorstoßen, von denen ich heute noch keinen gesehen hatte.

Sie kamen mir schon entgegen, zielstrebig fußelten sie den Futterdepots entgegen. SIE verteilte an schönen Tagen das Futter im ganzen vorderen DAHEIM. So teilten sich meine nimmersatten Freunde am Eingang zum vorderen DAHEIM auf und schlugen verschiedene Richtungen ein. Rammbock mit dem unvermeidlichen Minicooper auf den Fersen war meine erste Aufgabe des Tages. Ihn mit seinem niedrigen Intellekt und seinen ausgeprägten Muskeln wollte ich die wichtigste Fallgrube graben lassen: Die Fallgrube neben den halbrunden Steinmauern, die direkt an der Terrasse von SIE gelegene, äußerst geeignete Fallgrube. Sie musste mindestens eine Schildkröte tief sein und auch genauso lang. Der ganze Fuß von SIE musste hineinpassen. Und sie musste unsichtbar sein! Mir stockte das Blut in den Adern. Beinahe wäre durch eine Unachtsamkeit meinerseits mein wunderbarer Plan A bereits im Vorfeld gescheitert. Eine Fallgrube mitten auf dem Schotterweg war viel zu auffällig und damit auszuschließen! Die unlöschbar in meinen Gehirnwindungen verankerte Information, dass SIE immer die Schotterwege benutzte und nie daneben trat, brachte mich und meinen Plan A stark ins Wanken. „Gut Ding will Weile haben", sagte ich zu mir und löschte alle unsichtbaren Kreuze auf meiner Fallgruben-Landkarte.

Mein genialer Plan A war noch nicht ganz ausgereift und ich hatte meinen süchtigen Kollegen gestern schon versprochen, ihnen die richtigen Stellen zu verraten. Da ich keine richtigen Stellen mehr hatte, musste ich versuchen, ihnen aus dem Weg zu gehen. Am besten würde mir das unter den hängenden Büschen gelingen. Das war mein Revier und niemand durfte es unerlaubt betreten. Dorthin zog ich mich zurück und dachte nach.

Der Hunger quälte und hinderte mich am Denken. Die Blume war sehr lecker gewesen, hatte mir aber nur vorübergehend einen Energieschub beschert. Das Frühstücken hatte ich auf meinem eiligen Weg unter die hängenden Büsche vergessen. Lustlos knabberte ich an den Pflanzen, die mich umgaben und erwischte dabei aus Versehen ein Blatt von den hängenden Büschen. Die Äste waren durch die Last der größer werdenden Blätter und sprießenden Knospen zu Boden gesunken. Überrascht kostete ich ein weiteres Blatt. Dann wagte ich mich an eine Knospe. Himmlisch! Meine hängenden Büsche waren die Zweige eines Fressbusches. Die schwellenden Knospen schmeckten süß wie Erdbeeren, Bananen, Äpfel und Birnen gleichzeitig. Besser noch als Wassermelonen. Ich verfiel in einen Fressrausch, war aber dann doch vernünftig genug, mich nicht ganz vollzustopfen. Ich fürchtete mich vor noch stärkeren Bauchschmerzen.

Gesättigt funktionierte mein Denkapparat wieder ausgezeichnet. Ich rief die Fallgruben-Landkarte auf und betrachtete sie ausführlich. Die steinigen Pfade schieden allesamt aus, also richtete ich mein Augenmerk auf die Grünflächen. Auf der Rückseite des fast durchsichtigen Hauses wäre eine passable Stelle, dort betrat SIE oft DRÜBEN, aber es befand sich kein Stein in der Nähe, auf dem SIE ins Gras beißen konnte. Ein Glucksen durchlief mich. Was war ich doch für ein lustiges Kerlchen. Auf einem Stein ins Gras beißen. Ich ermahnte mich zur Ernsthaftigkeit und überlegte weiter. An dieser Stelle konnte ich aber auch auf den Zufallssturz hoffen. Im Gras versteckt lagen dort zwei Stolpersteine und schützten einen kleinen Busch vor der nächtlichen Kälte. Eine Fallgrube war unnötig. Systematisch scannte ich Quadratmeter nach Quadratmeter von DAHEIM und wurde an der Holzbrücke fündig. Wenn die Baumstämme, die über dem Tal lagen, in Unordnung geraten waren, machte SIE einen großen Schritt in das DAHEIM, um die Stämme zu richten. Wäre hier eine verborgene Fallgrube und SIE träte hinein, hätte das unweigerlich einen Sturz in das Tal zur Folge. „Das Tal des Todes", ein sehr guter Ort, um über den Jordan zu gehen. Das erste unsichtbare Kreuz schmückte meine Fallgruben-Landkarte.

Die Benutzung meines Gehirns erforderte viel Energie und machte ungemein schläfrig. Hundemüde rappelte ich mich auf, reckte und streckte meine Glieder und lief los zur Wasserstelle vor dem fast durchsichtigen Haus. Vor meinem Mittagsschlaf wollte ich sie noch ordentlich verunreinigen. Nach dem Mittagsschlaf könnte ich dann einen in der Nähe liegenden Baumstamm davor drapieren.

Erfrischt erwachte ich und fühlte mich kräftig genug, den Baumstamm vor Ort zu rollen. Es erwies sich als kinderleicht und dauerte nur ein paar Minuten. Es war quasi im Vorübergehen erledigt. Das Inspizieren der äußerst geeigneten Stelle vor der Brücke war meine nächste Aufgabe, ich wollte eine Probegrabung zwecks Feststellung der Beschaffenheit des Bodens durchführen. Kaum konnte ich um die Ecke schauen, sah ich SIE, die schon wieder in der Mitte von DAHEIM auf der Wiese hockte. Vor ihr lag das Brett mit den bereits bekannten Utensilien. Zudem stand neben ihr eine Schale voll mit roten Blütenblättern. Meine hirnlosen Artgenossen umschwirrten SIE wie die Wespen den vermatschten Apfel und himmelten SIE an. SIE verteilte Blütenblätter, kraulte Bärte, tätschelte Köpfe und zog das Umdrehen und mit dem Auge blitzen sekundenschnell durch. Meine hingerissenen Kameraden schien dies nicht zu kümmern, sie wanden sich nicht in Todesangst, sondern nahmen es hin und bettelten danach weiter, als sei nichts geschehen. Ich zählte meine liebestollen Brüder durch und stellte fest, jeder war einmal an der Reihe gewesen, es fehlte nur noch meine Wenigkeit. Entschlossen trat ich den Rückzug an, mich würde sie nicht aufs Kreuz legen und blitzen. Zweimal hatte ich diese Folter schon hinter mir, ein drittes Mal würde SIE das nicht schaffen. Nach einem Sprint durch das Tal tauchte ich ein in das schützende Laub meiner hängenden Büsche und verbrachte versteckt den Nachmittag dieses Tages.

Am Abend kamen fünf meiner zuckergeschockten Kameraden in das fast durchsichtige Haus. Die Kleinen versammelten sich im Haus und nur der stumme Stummelfuß war auf der anderen Seite des Brettes. Als letzter betrat ich das fast durchsichtige Haus und kurz darauf kam SIE und verschloss den Eingang. Meine heutige Gute-Nacht-Geschichte über Griechenland und die heißen Weiber war vorbereitet. Meine gedopten Brüder waren aber viel zu aufgedreht, um mir konzentriert zuhören zu können. Sie waren voll auf dem Blumentrip und übten sich lieber in der Rudelliebe. Bevor jemand mit mir liebäugeln konnte, verzog ich mich in das Schlafhaus und besetzte den besten Platz. Die Freudenrufe meiner testosterongeschüttelten Lieben verfolgten mich bis in meinen Traum, der mich nach Griechenland zu meinen willigen Mädels führte.

Kapitel 20

25. APRIL

Bauchschmerzen, rasende Bauchschmerzen begrüßten mich am Morgen. Sie waren mir durchaus nicht fremd, begleiteten mich schon seit vielen Jahren, aber in dieser Stärke plagten sie mich selten. Die vielen Fressbuschknospen forderten ihren Tribut. So schnell es meine Krämpfe zuließen, schaufelte ich mich unter meinen schlafenden Kameraden hervor. Schiefmaul kippte dabei von dem Schildkrötenberg herunter und landete auf dem Rücken. Rücksichtslos schubste ich ihn zur Seite und stürzte zur Wasserschale. Ich flatulierte ins Wasser, was lustige Blasen entstehen ließ, dann schoss ein Strahl Spritzkacke hinein und färbte es braun-grün. Schnell ging es mir besser und ich beeilte mich, zu Schiefmaul zu kommen. Der lag immer noch auf dem Rücken und ruderte hilflos mit den Beinen. Schiefmauls Panzer war sehr flach geraten, beim Umdrehen hatte er oft große Probleme. Ich gab ihm Hilfestellung und er plumpste zurück auf seine Füße. Dann kroch er zurück auf den Haufen und schlief wieder ein. Die Sonne im fast durchsichtigen Haus ging auf, ich kroch geschwächt auf die noch kühle Steinplatte und wärmte meinen Panzer. Ich war versucht mich auf den Rücken zu drehen, um mit der Wärme meine Schmerzen zu lindern. Da ich die Rückenlage hasste, verwarf ich den Gedanken wieder.

Die Steinplatte erwärmte sich langsam und mir ging es von Minute zu Minute besser. Als sich der Schmerz zu einem leichten Druck gewandelt hatte, konnte ich wieder denken: Bisher hatte ich nur ein einziges unsichtbares Kreuz auf meiner Fallgruben-Landkarte. Gerne hätte ich mindestens vier oder fünf. Die fertigen Fallgruben würde ich locker mit Blättern auffüllen. Das würde sie vollends vor SIEs Augen verstecken. Es gab eigentlich genug grüne Flächen im DAHEIM, das Problem war, dass SIE sie selten bis nie betrat. Man müsste SIE dorthin locken. Ich begann über das passende Lockmittel nachzudenken.

Im Schlafhaus rumorte es und ein schlaftrunkener Kollege nach dem anderen kam zu mir auf die Steinplatte. Sie gähnten, reckten ihre Beine, Köpfe und Schwänze, klackerten die Panzer gegeneinander und schoben und drängelten, bis alle einen Platz gefunden hatten. Die eine oder andere Flatulenz erschütterte das fast durchsichtige Haus, ansonsten herrschte Ruhe.

Das leise Geräusch der sich öffnenden Falltür riss mich aus meinen Überlegungen. SIEs Schritte hatte ich, in meiner Gedankenwelt gefangen, überhört. Meine unersättlichen Kameraden düsten umgehend los, um den Futterberg, der draußen sicherlich schon lag, zu vernichten. Gierig kletterten sie übereinander, boxten, schoben, drückten, jeder wollte der Erste sein. Minicooper und Ichbinunsichtbar fielen in dem Getümmel auf den Rücken, bzw. wurden geworfen und rücksichtslos übertrampelt. SIE, die sich schon ein Stück entfernt hatte, kam zurück und stellte die beiden wieder auf die Füße. Und da war es – mein Lockmittel. SIE stellte uns wieder auf die Füße, wenn wir hilflos auf dem Rücken lagen. Mehrmals schon war das passiert. Besonders bei den Kleinen gab es häufig Unfälle dieser Art. Bei ihrem Stauspiel geschah es andauernd. Meistens halfen sie sich gegenseitig, aber oft blieb auch einer strampelnd zurück, während die anderen weiterzogen. Nie musste so ein kleiner Lauser lange zappeln, SIE sah alles und kam immer schnell zur Hilfe. Ich war noch nie in einer hilflosen Rückenlage gefangen, mein Panzer war glatt und hoch und rund, perfekt geeignet, alleine wieder auf die Füße zu kommen. Ich würde das Lockmittel sein. Auf dem Rücken liegend, hilflos mit den Beinchen strampelnd – direkt hinter einer Fallgrube natürlich – würde ich auf SIE warten und genussvoll aus nächster Nähe ihren Todeskampf erleben. Käme SIEs Kopf per Zufall bei dem Sturz in meine Reichweite, könnte ich ihr „aus Versehen" beim Drehen in die Bauchlage zur Sicherheit noch ein Auge ausreißen. Mein Plan begeisterte mich.

Der Futterhaufen war dahingeschmolzen und meine befriedigten Freunde gaben den Eingang frei. Sie zerstreuten sich und auch ich strebte dem vorderen DAHEIM zu. Gleich hinter dem fast durchsichtigen Haus erwartete mich Rammbock. Er druckste eine Weile herum, erzählte mir, was heute für ein schönes Wetter sei, erwähnte, dass er wunderbar geschlafen hätte und fragte mich dann nach der geheimnisvollen Wurzel des Wonnentaus. Ich bat ihn, mich zu begleiten und führte ihn zur hölzernen Brücke. Seinem Intelligenzquotienten angepasst gab ich ihm dort, auf die richtige Stelle zeigend, folgende Anweisung: „Hier graben. Tief graben."
Um ihn zu beeindrucken, beroch ich mit gelehrter Miene die von mir ausgewiesene Stelle und nickte dabei weise. Dann entfernte ich mich majestätisch.

Hier und da ein Kräuterlein abzupfend, flanierte ich durch die Landschaft und verteilte unter meinen angefixten Brüdern die Claims. Die acht Fallgruben würden gut verteilt im DAHEIM sein, immer schön in der Nähe von gesundheitsschädlichen Steinen oder in die Höhe ragenden Ästen. Der Vormittag verging wie im Flug, alle waren beschäftigt, SIE störte uns kein einziges Mal und ich konnte gemütlich weiden. Den Aussichtshügel hatte ich in diesen Stunden für mich, Pfannkuchen hatte ich zu seiner Grabungsstätte am Regensee beordert. So konnte ich einmal wieder bei den Kleinen zuschauen. Einer von ihnen balancierte ein Blatt auf dem Rücken, die anderen saßen im Kreis um ihn herum. Der Blattträger drehte sich langsam um sich selbst, das Blatt rutschte von seinem Panzer und auf dieses geheime Zeichen hin rannten alle zur Mitte und kletterten übereinander. Sie purzelten und tobten und lachten und quietschen. Diese wilde unstete Bande zu einer langwierigen Grabungsaktion zu bewegen, schien mir aussichtslos. Der Wurzel des Wonnentaus waren sie auch nicht zugetan und mir war bisher noch keine vernünftige Geschichte eingefallen, mit der ich sie zum Graben bringen konnte. Zudem konnte ich DRÜBEN nicht als Lockvogel fungieren. Die Gehirnakrobatik fiel mir nun immer schwerer, ich war erschöpft. Auch die kleine Rasselbande hatte sich müde gespielt und verteilte sich in die Häuser, Höhlen und Verstecke unter den Pflanzen. Meine fleißigen Grubenarbeiter waren ebenfalls schon in die Mittagspause verschwunden. Ich rutschte den Aussichtshügel hinunter und bettete mich in die Halle des Stadions.

Die Vibration des Bodens unter mir weckte mich und ich sah SIE, die mit ihrem Folterbrett an DAHEIM vorbeistapfte. Vor dem fast durchsichtigen Haus überquerte SIE DAHEIM und betrat DRÜBEN. Sie stolperte nicht über die im Gras versteckten Steine, schlug nicht mit dem Schädel auf dem mit einem Dachziegel abgedeckten Pflanzstein auf, sondern erreichte unbeschadet die Steinstufen vor dem Haus. Dort hockte SIE sich nieder und legte das bestückte Brett auf den Boden. Noch befanden sich alle Kleinen im Mittagsschlaf, kein Laut, kein Rascheln, kein Panzerklopfen, nur Vogelgezwitscher war zu hören. SIE saß da und wartete. Die Geräusche meiner erwachenden Kollegen drangen an mein Ohr und der erste der kleinen Strolche streckte den Kopf aus der Höhle mit dem Dachziegel.

Neugierig lief er zu SIE hinüber und zeigte keinerlei Scheu. Meine emsigen Bauarbeiter machten sich an ihre Arbeit, die Kleinen wurden nach und nach wach und DRÜBEN begann die gleiche Prozedur wie im DAHEIM in den letzten beiden Tagen. Auf dem Aussichtshügel sitzend musste ich zusehen, wie die unbedarften Kleinen über SIEs Füße krabbelten, sich unter SIEs Beinen durchdrückten und mit ihren teils viel zu langen Schnäbeln an SIEs Knien knabberten.
Das blitzende Auge kam zum Einsatz, zusätzlich erneuerte SIE die Buchstaben auf den kleinen Panzern. Das „Auf-den-Rücken-drehen" kümmerte die kleinen Purzelchen überhaupt nicht. Das kannten sie ja zur Genüge von ihren wilden Spielen.

Während SIE mit den Kleinen beschäftigt war, drehte ich weidend eine Runde durch das ganze DAHEIM und bestaunte die Löcher meiner produktiven Mitarbeiter. Pfannkuchen, Kopulus und Ichbin-unsichtbar gruben im hinteren DAHEIM und beklagten sich über die ständig nachrutschende zu sandige Erde. Schisser überraschte mich mit einer geistigen Glanzleistung. Er hatte seine Grube mit Hölzchen und größeren Steinen abgestützt. Sie war dadurch schon viel tiefer als die der anderen. Ich ernannte ihn zum Vorarbeiter und bat ihn, unsere drei nicht so schlauen anzuleiten. Mit stolz geschwellter Brust hielt er ihnen sodann einen Vortrag über Statik und Tiefbau.

Im vorderen DAHEIM gingen die Arbeiten schleppender voran. Das Erdreich lag verborgen unter der dichten Vegetation, der Boden war hart und verdichtet. Schiefmaul, Flaschenöffner und Minicooper schufteten hart. Flaschenöffner konnte seinen Schnabel sehr gut als Harke einsetzen, deshalb war bei ihm die dicke Pflanzenschicht schon entfernt. Schiefmaul war noch dabei, die Pflanzen auszureißen und zur Seite zu spucken. Minicooper stand auf verlorenem Posten. Er hatte den ganzen Vormittag gearbeitet und nichts war davon zu sehen. Lediglich das Gras war plattgewalzt. Mitleidig half ich ihm eine Zeitlang. Mit dem Maul rissen wir einträchtig die Pflanzen aus der harten Erde und spien sie zur Seite. Plötzlich fiel ein Schatten auf uns und wir zogen erschrocken die Köpfe ein. Beruhigt erkannte ich die grauweiße Katze und begrüßte sie mit einem hellen „Miiii". Die Katze antwortete mir ihrerseits mit „Miiii". Ich deutete mit meinem Vorderbein und einem Nicken auf das kleine Löchlein in der Pflanzendecke und sagte: „Njau, njau, miiii".

Offenbar hatte ich die richtigen Worte gewählt, denn die Katze begann genau an der richtigen Stelle zu graben. Ehrfürchtig blickte Minicooper mich an. Von meinen Fremdsprachenkenntnissen war er gewaltig beeindruckt. Wir traten zurück und ließen die Katze die Arbeit machen. Tatsächlich grub sie ein recht tiefes Loch. Dann hockte sie sich darüber und füllte es mit einer übelriechenden Wurst. Sie deckte die Erde über ihren Haufen und stolzierte leichtfüßig davon. Minicooper lachte sich schief über mein mangelhaftes katzisch und fragte, was „Njaunjaumiii" denn wohl hieße. Von oben herab erklärte ich ihm, dass ich „Grabe und dünge die Wurzel" gesagt hatte. Minicooper verging das Lachen, aber er weigerte sich, das Loch wieder zu öffnen und weiter daran zu arbeiten. Eine auf die Art gedüngte Wurzel wolle er ganz bestimmt nicht verspeisen, versicherte er und bat mich, eine neue Wurzel für ihn zu erschnüffeln. Ergeben stimmte ich zu und spürte ein kleines Stück weiter rechts eine frische Wurzel für ihn auf. Grabend ließ ich ihn zurück und machte mich auf den Weg zu Rammbock.

Rammbocks Grube war imponierend tief. Minicooper hätte man problemlos darin versenken können. Ich beugte mich tief hinunter und roch an der Erde, die ich gerade noch erreichen konnte. Meine Aussage, ich röche die Wurzel schon viel deutlicher, nahm Rammbock mit einem glückseligen Lächeln auf. Morgen, versprach ich ihm, könne er die Wurzel des Wonnentaus sicherlich bereits verspeisen. Rammbock hatte Hunger und wollte vor dem Schlafen noch auf Futtersuche gehen. Das gab mir die Gelegenheit die Baumstämme der Brücke zu verrücken. Ich stemmte mich von unten dagegen und einer der drei Stämme kullerte ins Tal. Zufrieden betrachtete ich mein Werk. Vor meinem inneren Auge sah ich den leblosen Körper SIEs zerschmettert im Tal liegen.

Durchflossen vom Hochgefühl, das Tagessoll um ein Vielfaches übertroffen zu haben, schaute ich noch bei den Gruben im hinteren DAHEIM vorbei, die ich verlassen vorfand. Alle vier Gruben waren mit Ästchen und Steinen gestützt, aber nicht sonderlich tief. Selbst die Erschütterung meiner leichten Schritte ließen den Sand darin rieseln. Meine ausgehungerten Freunde fand ich dann in meinem Revier unter den hängenden Büschen. Sie stopften sich mit meinen Fressbuschknospen voll, was ich ihnen ausnahmsweise vergab. Wir aßen noch eine Weile gemeinsam und zogen uns dann in das fast durchsichtige Haus zum Schlafen zurück. Gestapelt im Schlafhaus schwärmte ich noch ein Stündchen von den Wonnen des Rausches, der sie nach dem Verzehr der Wurzel des Wonnentaus in ein Paradies entführen würde, das auffallend Griechenland glich und voller hübscher Mädels war.

Kapitel 21

26. APRIL

Schwer atmend und innerlich völlig nassgeschwitzt erwachte ich im Morgengrauen. Ein Albtraum hatte mich geplagt und verwirrte nachhallend meine Gedanken. Ich wühlte mich unter meinen Kameraden hervor und musste feststellen, dass ich das Verschließen des Eingangs am Abend zuvor nicht bemerkt hatte. Während sich mein Atem langsam beruhigte und ich in das Hier und Heute zurückkehrte, regte sich mein Darm und ich schaffte es nicht in die Wasserschale. Kurz davor entleerte ich mich und hinterließ eine saftige Bescherung. Damit endgültig in der Realität angekommen, beschwor ich den bösen Traum herauf, um ihn zu analysieren. SIE hatte sich in meinem Traum des Nachts in einer Fallgrube liquidiert und morgens war das fast durchsichtige Haus nicht geöffnet worden. Alle, die in dem Haus gefangen waren, verhungerten und verdursteten qualvoll. In meinem Traum kam es zu Mord und Totschlag und Kannibalismus. Ich war meinem Traum dankbar, hatte er mich doch davor bewahrt, einen folgenschweren Fehler zu begehen. Auf keinen Fall durfte SIE ableben, wenn wir gefangen in unseren Häusern saßen. Am Abend vor dem Zubettgehen mussten die Fallgruben gesichert werden. Bis heute Abend brauchte ich dafür eine Lösung, ansonsten wären die Fallgruben zu zerstören, womit ich in höchste Erklärungsnot meinen Kameraden gegenüber käme.

Unter diesem enormen Zeitdruck stehend, fiel mir das Denken schwer. Der steigende Geräuschpegel, verursacht durch das Erwachen meiner Freunde, erleichterte mir das Lösen des gordischen Knotens in meinem Gehirn nicht. Ungeduldig wartete ich auf das Öffnen des Eingangs des fast durchsichtigen Hauses. Meine muskelkatergeplagten Kollegen sortierten sich unter der Sonne und wärmten ihre schmerzenden Glieder unter lautem Gejammer auf. Sie übertrumpften sich gegenseitig mit der Schwere ihrer Behinderungen und klangen nicht so, als hätten sie heute große Lust zu arbeiten.

Angestrengt lauschte ich auf SIEs Schritte und konnte SIE daher aus dem Haus treten hören. Sie marschierte geräuschvoll den Weg neben dem DAHEIM entlang. Nach etwa 20 Schritten verstummte das Geräusch und das Erdreich beruhigte sich wieder. Nach kurzer Pause waren die platschenden Laute wieder zu vernehmen, die Erschütterungen nahmen zu und SIE kam am fast durchsichtigen

Haus an. Die Falltür hob sich und ich flitzte zwischen SIEs Beinen hindurch in mein Revier unter den hängenden Büschen. Ich stand unter extremer Spannung. Mich überkam das Gefühl, dass alle meine Felle davon schwammen. Ich hatte einen gewaltigen Denkfehler in meiner Planung. Mein Herz schlug zu schnell und ich war kurzatmig. Blitze zuckten durch mein Gehirn, ich suchte verzweifelt einen Ausweg aus dem Dilemma. Fallgruben trittfest für SIE zu machen, bedeutete Schwerstarbeit. SIE wog bestimmt so viel wie ein Elefant, ich müsste Steinplatten über die Löcher schieben. Gruben zerstören? Wie brachte ich das meinen Freunden bei? Sie wollten doch unbedingt die Wurzel des Wonnentaus genießen. Spiralartig drehten sich die Gedanken in meinem Kopf, mir wurde ganz schwindelig. Psychosomatische Bauchschmerzen quälten mich, für einen Moment war ich des Lebens müde. Doch dann riss ich mich wieder zusammen, machte einige Yoga-Übungen, hängte ein wenig autogenes Training an und bekam mich damit wieder in den Griff. Meine Weltuntergangsstimmung verschwand und ich fasste neuen Mut. Ich hatte den ganzen Tag Zeit, um mir etwas zu überlegen. Da ich weidend am besten denken kann, machte ich mich auf den Weg.

Zuerst schaute ich nach den Fallgruben im hinteren DAHEIM. Sie waren gut versteckt, so gut, dass ich sie nicht finden konnte. Erst bei ganz genauem Hinsehen erkannte ich die Bescherung. Die Fallgruben gab es nicht mehr, der Sand war hineingeflossen und hatte die Löcher komplett gefüllt. Ein oder zwei Ästchen ragten aus dem Boden, mehr war von ihnen nicht mehr zu sehen. Schisser,

Ichbinunsichtbar, Pfannkuchen und Kopulus würden maßlos enttäuscht sein, die Arbeit eines ganzen Tages war dahin. Ich fand den Verlust der Fallgruben nicht so schlimm, sie waren eigentlich nicht wichtig gewesen, dienten nur der Beschäftigung der Vier. Die einzige Fallgrube, um die es mir leid tat, war die vor dem Verlies, denn dort lief SIE oft mehrmals am Tag hin. Aber im hinteren DAHEIM bewegte sich SIE mittlerweile sehr vorsichtig und langsam, denn die Pflanzen wuchsen so hoch, dass man leicht eine Schildkröte übersehen konnte und die Gefahr des Zertretens und Zermalmens war groß.

Jetzt wollte ich die wichtigste Fallgrube inspizieren, die Fallgrube, die Rammbock vor der hölzernen Brücke gegraben hatte. Eilig kletterte ich über das Gebirge, rannte am fast durchsichtigen Haus vorbei und bog in den Schotterweg ein. Unter dem Weidentunnel konnte ich die Brücke sehen. Der Baumstamm, den ich in das Tal stürzen ließ, war an seinen Platz verbracht worden. An einer nicht so steilen Stelle kraxelte ich aus dem Tal heraus und sah das Loch. Beziehungsweise ich sah es nicht. SIE hatte Rammbocks Fallgrube missbraucht und einen Busch eingepflanzt. Fassungslos starrte ich den Busch an. Überraschenderweise durchflutete mich Erleichterung. SIE würde in dieser Fallgrube nicht den Löffel abgeben, wir würden uns nicht in der fast durchsichtigen Schildkrötenfalle gegenseitig meucheln und verspeisen. Mit einem Schlag waren alle Probleme gelöst. Die Fallgruben im hinteren DAHEIM waren dem Unbill der Natur zum Opfer gefallen, die Fallgrube vor der hölzernen Brücke war bepflanzt und die Fallgruben im vorderen Teil hatten den

Namen Fallgrube noch nicht verdient, waren sie ja nur kahlgerupfte Flächen beziehungsweise vollgeschissen von der Katze. Meine psychosomatischen Bauchschmerzen legten sich und zurück blieb nur der altbekannte, immerwährende Druck im Gedärm. Weidend wartete ich auf meine Freunde, die auch bald mit steifen Gliedern angestakst kamen. Auch Rammbock verharrte fassungslos vor seinem Exloch, freute sich dann aber, SIE Arbeit abgenommen zu haben. Ich tröstete ihn damit, dass ich jederzeit eine neue Wurzel des Wonnentaus erschnüffeln konnte und er beschloss heute eine Grabepause einzulegen, um den müden Muskeln Gelegenheit zur Erholung zu verschaffen. Diesem Beschluss wurde mit Freude zugestimmt und meine erschöpften Kameraden verteilten sich auf der Suche nach Futter.

Den ganzen Vormittag versuchte ich das Problem der elefantensicheren Abdeckung meiner Fallgruben zu lösen. Ich strapazierte meine Gehirnwindungen so sehr, dass ich ständig essen musste, um die verbrauchte Energie aufzufüllen. Meine Gedanken drehten sich unermüdlich im Kreis, und sie drehten sich im Kreis, und sie drehten sich im Kreis. Zu einem Ergebnis kam ich nicht. Zur Entspannung wollte ich gerne bei den Lausebengels zuschauen, aber Pfannkuchen hockte auf dem Hügel und verlangte Blutzoll für das Betreten. Dazu hatte ich keine Muße und ich verzichtete auf die Erholung. In der Höhle der steinernen Schildkröte konnte ich den Kleinen beim Spielen, Raufen und Lachen zuhören und fiel in einen tiefen Schlaf der mentalen Erschöpfung.

Ein Erdbeben, das rasch stärker wurde, weckte mich. Die Erdstöße endeten, als SIE knapp vor meinem Ruheplatz stehenblieb und in den Eingang der Höhle eine wunderbar duftende violette Blume ablegte. SIE versuchte eindeutig, mich zu korrumpieren. SIEs rote Gummistiefel verschwanden aus meinem Blickfeld und das Odeur der phänomenal großen Blüte stieg mir in die Nase. Der Verlockung mannhaft widerstehend walzte ich das Schmuckstück nieder und bedeckte sie als eindeutige Botschaft für SIE mit einem Fladen, der jeder Kuh zur Ehre gereicht hätte.

Ziellos strich ich hernach durch DAHEIM, weidete und behielt dabei genauestens SIE im Auge, die mit dem Brett im DRÜBEN herumkroch und die Kleinen drangsalierte. Um besser sehen zu können, bestieg ich unter Aufbietung meiner gesamten Kräfte das Stadion. Ich sah, dass einer der Burschen aus einer Höhle gepflückt wurde, einen anderen holte SIE unter einem Busch hervor. Routiniert führte SIE die Aktion auf dem Brett durch und setzte die bedauernswerten Kleinen dann an die Stelle zurück, an denen SIE sie eingefangen hatte. Immer mehr der Buben waren in der Zwischenzeit aufgetaucht, alle hatten jetzt ausgeschlafen. Sie freuten sich, SIE zu sehen und bezogen SIE in ihr Spiel ein. Putzmunter und wieselflink besetzten sie zu mehreren SIEs Brett, stießen das blitzende Auge um, rollten den weißen Stift ins Gras und störten SIE massiv. Einer kackte sogar auf das karierte Papier. SIE blieb geduldig und gelassen, fingerte immer wieder den Stift aus dem Gras, stellte das blitzende Auge auf und wischte das karierte Papier sauber. Die Kinder hatten ihren Spaß und dachten sich andauernd neue Störmanöver aus. SIE hatte alle Hände voll zu tun. Irgendwann, vielleicht ein, zwei Stunden später, erhob sich SIE, stellte das Brett aufrecht an die Wand des Hauses und begann suchend durch DRÜBEN zu streifen. SIE schaute in alle Höhlen, teilte mit den Händen die Büsche, tastete im Haus in den Schlafhäusern herum und kroch auf allen Vieren in das fast durchsichtige Haus. SIE suchte lange. Ich wollte meinen Beobachtungsposten gerade aufgeben, als SIE mit dem bemitleidenswerten Stummelfuß in den Armen zurückkehrte. SIE hielt ihn wie ein Baby in der Armbeuge und deckte ihn mit der Hand zu. Stummelfuß wehrte sich nicht, er ruhte entspannt an ihrem Busen. Schnell legte SIE das Brett auf den Boden, Stummelfuß wurde daraufgesetzt, einmal gedreht, zweimal geblitzt und so schnell, dass mein Auge kaum folgen konnte, relaxte er wieder in SIEs Armbeuge. SIE trug ihn in das hintere DRÜBEN, kam ohne ihn zurück, nahm das Brett, verließ DRÜBEN und DAHEIM und verschwand im gelben Haus. Meinen Beobachtungen zufolge, waren jetzt 18 von uns auf dem Brett gelandet. SIE hatte 18 von uns ihre Stärke demonstriert und 18 von uns unterworfen. Ich würde mich SIE entgegenstellen, ich würde die Schildkrötenehre retten. Mich würde SIE nicht bezwingen, mich würde SIE nicht finden. Eilig rutschte ich den Stadionberg hinunter, hetzte durch DAHEIM und kam völlig außer Puste in meinem Revier unter den hängenden Büschen an. Dort, wo die dornigen Zweige fast den Boden berührten, grub ich mein Versteck für die kommende Zeit. Ich legte noch einen Nahrungsvorrat aus Fressbuschblättern und -knospen an und vergrub mich mit ihm tief in der Erde.

Kapitel 22

27. APRIL

Warme Regentropfen weckten mich an diesem denkwürdigen ersten Tag meines Lebens im Untergrund. Er tropfte und klopfte auf meinen Panzer und weichte den sandigen Boden auf. Offensichtlich war ich nicht tief genug vergraben. Ich versuchte noch ein wenig sandige Erde unter mir beiseite zu schieben, ließ es dann aber schnell bleiben. Die nassen Zweige meines Fressbuschs senkten sich herab und gaben mir genug Deckung. Hier konnte SIE mich nicht holen. Die dornigen Zweige schützten mich, ich fühlte mich wie Dornröschen. Nur, dass ich nicht auf einen Prinzen wartete, sondern auf den Teufel, der entweder gerne Schildkröten quälte oder etwas mit den Schildkröten vorhatte, von dem die Schildkröten nicht wussten, was es war. Irgendeinem Zweck musste die Brettaktion schließlich dienen. Ich verzichtete auf die welken Vorratsblätter und bediente mich an den frischen, nassen Blättern, die direkt vor meiner Nase hingen. Durstig leckte ich die Regentropfen von dem saftigen Grün, bevor ich eine kleine Portion davon frühstückte. Jäh fuhr mir ein Schmerz durch den Unterkörper, ich konnte gerade noch den Hintern anheben und pfefferte mit Druck eine Ladung dünnflüssigen Kot durch das Gebüsch. So schnell wie der Schmerz gekommen war, verflog er wieder. Ich stellte die Nahrungsaufnahme ein: Ich und mein Gedärm waren zu erregt.

Meinen Beschluss, aus dem Untergrund zu agieren, hatte ich gestern spontan gefasst. Zum einen war es SIE, die mich dazu trieb, zum anderen waren es meine Kameraden, vor denen ich floh. Ich konnte ihnen schlecht beichten, dass ich sie mit der Wurzel des Wonnentaus an der Nase herumgeführt hatte. Wenn ich ein paar Tage verschwunden blieb, hätten sie es vielleicht vergessen bzw. würden mir leichter verzeihen. Nun grub ich mich doch noch ein Stückchen tiefer ein, die Gefahr, dass mich einer meiner Artgenossen fand, war zu groß. So ganz alleine, tief in der sandigen Erde verborgen, hatte ich Zeit zum Nachdenken. Ganz systematisch ordnete ich meine Pläne.

Plan A	Fallgruben	Momentan nicht durchführbar. Problem: Abdeckungen für den nächtlichen Schutz der Gruben mussten erdacht werden
Plan B	Sturz über Werkzeuge	Musste dem Zufall überlassen werden. Problem: Werkzeuge konnten von mir nicht bewegt werden.
Plan C	Katzen bringen SIE zum Sturz, Augenauskratzen meinerseits	Problem: Katzensprachenkenntnisse rudimentär. Augenauskratzen musste vor Kameraden gerechtfertigt werden.
Plan D–Z	…	…

Methodisch begann ich mit den Problembehandlungen.

zu Plan A:

Nicht in Frage kommenden Abdeckungen	Steinplatten	zu schwer
	hölzerne Bretter	im DAHEIM nicht vorhanden
In Frage kommende Abdeckungen	Erde	abendliches Auffüllen der Gruben eventuell machbar, wenn es sich nur um eine, von mir gegrabene Grube handelte. Der erste Lichtblick!

zu Plan B:

Werkzeuge bewegen und platzieren	Muskelaufbautraining

zu Plan C:

fehlende Katzischkenntnisse	Rechtfertigung vor Kameraden

zu Plan D–Z:

...	...

Unbeweglich in meinem Loch sitzend fiel mir das Denken schwer. Leider konnte ich nicht draußen umherlaufen, denn da lauerte bestimmt schon SIE, um mich zu schänden. Der Vormittag war vorangeschritten, möglicherweise reinigte SIE gerade DAHEIM und DRÜBEN. Der Hunger nagte in meinen Eingeweiden, das Denken wurde immer mühsamer. Obwohl ich kaum etwas gegessen hatte, marterten mich fast unerträgliche Leibschmerzen. Plötzlich krampften sich meine Därme zusammen und ohne, dass ich etwas dagegen unternehmen konnte, verließ mich mein Darminhalt und floss unter mich. In dieser Sauerei wollte ich nicht sitzen bleiben, ich arbeitete mich aus meinem Loch heraus und ging einige Schritte zur Seite. Es regnete immer noch und durch Umhergehen auf dem nassen Boden reinigte ich meinen Bauchpanzer.

Der Schmerz hatte mich mit meinem Durchfall verlassen und mein Magen knurrte vernehmlich. Ich erwog, in das vordere DAHEIM zu gehen und etwas zu mir zu nehmen. Ich hoffte, dass SIE bei diesem Wetter keine Ambitionen verspürte, das DAHEIM zu reinigen. Bestimmt saß SIE in ihrem gelben Haus. Da ich keinerlei Erschütterungen des Bodens wahrnehmen konnte, wagte ich mich unter meinen hängenden Büschen hervor. Ich schlich an den angehobenen Falltüren vorbei und konnte meine im Halbschlaf dämmernden Freunde unter der Sonne liegen sehen. Auf dem Boden des fast durchsichtigen Hauses lagen Futterreste, sie waren also satt und hatten keine Veranlassung, das fast durchsichtige Haus zu verlassen. Noch einige Schritte und das vordere DAHEIM lag vor mir. SIE war nirgends zu sehen. Ganz hinten, bei den halbrunden Steinmauern, weidete Ichbinunsichtbar. Tief ins Tal geduckt, vor Ichbinunsichtbars Augen verborgen, weidete ich die steile Böschung ab und stillte damit den gröbsten Hunger. Der Regen war nur noch ein sanftes Rieseln, aber die Pfützen, die im Tal standen, verrieten mir, dass er in der Nacht wohl stärker gewesen war. Der Botaniker in mir freute sich über die Bewässerung der Futterpflanzen, hatte es doch schon seit Tagen nicht mehr geregnet. Und da war er – der Geistesblitz! Die Erklärung für meine Kameraden in Bezug auf die Wurzel des Wonnentaus! Die Wurzel des Wonnentaus verträgt keine Feuchtigkeit! Sie fault! Sie vergammelt in der Erde!

Ein Stein fiel mir vom Herzen. Diese Erklärung würden sie schlucken, ich würde ihre Freundschaft nicht verlieren. Das war mir unendlich wichtig. Bis auf Rammbock, Stummelfuß und Kopulus kannte ich sie alle seit ihrem Schlupf, ich hatte sie aufwachsen sehen und sie waren mir ans Herz gewachsen. Mögen wir auch in der Heimat Einzelgänger sein, galten in der Gefangenschaft andere Regeln. Allein sein, ohne Artgenossen der Spezies Mensch ausgeliefert, stellte ich mir grauenhaft vor.

Erleichtert weidete ich nun sichtbar und nicht in Deckung bleibend. Vor einer Begegnung mit meinen Freunden fürchtete ich mich nicht mehr, ich musste nur noch SIE meiden. Mein Ziel waren die halbrunden Mauern. Die lagen zwar nah an der Terrasse, aber innerhalb der Mauern wuchs sehr hohes Gras, in dem man vollkommen unsichtbar war. Dort konnte ich mich verbergen und mit Ichbinunsichtbar sprechen.

Außer Ichbinunsichtbar traf ich auch Schisser dort. Ich erklärte den beiden den Wassertod der Wurzel des Wonnentaus und sie waren entsprechend enttäuscht, aber auch ein wenig froh, das Graben war nicht ihr liebstes Hobby. Ich bat sie, den anderen die traurige Nachricht zu verkünden, damit niemand Zeit und Kraft vergeude, die er zum Fressen oder Dösen brauchen könne. Schisser und Ichbinunsichtbar zogen in verschiedene Richtungen ab und ich versteckte mich unter dem hohen Gras. Dort wuchsen neue Pflanzen, die ich noch nicht gekostet hatte. Die Blättlein sahen aus wie Entenfüße und ich taufte sie die Entenfußpflanze. Sie schmeckten pfeffrig scharf und ich fraß sie alle.

Das leichte Nieseln des Regens hörte auf und die Himmelsonne stahl sich durch die Wolken. Ich war vollkommen durchnässt, von oben und von unten. Gerne hätte ich mich auf dem steinigen Platz vor der Wasserstelle der Wärme hingegeben. Leider kam das überhaupt nicht in Frage. Da hätte ich mich gleich auf das Brett setzen können, das griffbereit an die Wand des gelben Hauses gelehnt war. Also blieb ich im nassen Gras hocken und fror ein wenig. Sekunden später war ich sehr froh über diese Entscheidung, denn SIE trat aus der Tür, klemmte sich das Brett unter den Arm und stieg in das DAHEIM. Suchend ging SIE umher, schaute in die Höhlen, tastete unter die Baumstämme und kroch in beide Häuser. Als SIE in dem fast durchsichtigen Haus verschwunden war, wechselte ich rasch den Standort und verkroch mich in der von SIE bereits durchsuchten Höhle mit dem Steinpömpel. Mein Adrenalinspiegel stieg, als SIE in das vordere DAHEIM zurückkam, zielstrebig zu den halbrunden Mauern lief und dort mit den Händen das hohe Gras teilte. Ich hatte mich in letzter Sekunde gerettet. Sie gab auf, verließ DAHEIM, lehnte das Brett an die Wand und ging in das gelbe Haus.

Mit ein paar Atemübungen beruhigte ich mich. Das Räuber- und Gendarmspiel hatte begonnen. Schnell haute ich mir den Bauch mit den üppig wachsenden gelben Blumen voll und sprintete dann, ohne eine Pause zu machen, unter die hängenden Büsche. Ich vergrub mich gut, aktivierte mein Gehirn und rief eine neue Liste auf.

Ich begann mit Plan A:

1. Meine Kollegen hatte ich dazu gebracht, die Suche nach der Wurzel des Wonnentaus aufzugeben. Ich hatte eine passende Erklärung dafür gefunden, meine Lüge würde nicht aufgedeckt werden, die Freundschaft meiner Artgenossen war mir sicher.
2. Die einzige Fallgrube würde alleine von mir erbaut werden.
3. Ich würde sie am Abend mit dem Aushubmaterial wieder befüllen und damit trittfest machen.

Daraus ergab sich eine Hoffnung machende Änderung für Plan B:

4. Die Grabungsarbeiten würden ein gutes Muskelaufbautraining sein, ich wäre nach kurzer Zeit dazu imstande, Plan B zu beeinflussen.

Zu Plan C fiel mir leider nichts Neues ein, trotzdem war ich sehr zufrieden mit mir. Ich hatte zwar noch keine Ahnung, wie ich versteckt vor SIE eine Fallgrube generieren könnte, aber auch dafür gab es eine Lösung. Sie würde mir schon noch einfallen. Sehr müde von der anstrengenden Denkarbeit fiel ich in einen tiefen Mittagsschlaf der Erschöpfung.

Aus diesem erwacht und fest entschlossen den Nachmittag und Abend und die darauffolgende Nacht in meinem Versteck zu verharren, setzte ich meine Grübeleien fort. Die passende Stelle für meine Fallgrube musste gefunden werden. Sie hatte sehr viele Kriterien zu erfüllen. Das wichtigste Kriterium war, dass ich die Grube gut versteckt vor SIE anlegen konnte. Wenn SIE ins DAHEIM kam, müsste ich in Windeseile verschwinden können. Eigentlich kam zum Verschwinden nur das hohe Gras zwischen den halbrunden Mauern in Frage. Die lagen aber verflixt nahe an dem Eingang zum gelben Haus. Käme SIE heraus und würde mich sehen, wäre SIE mit wenigen Schritten bei mir und mir bliebe keine Zeit zur Flucht. Dann käme ich aufs Brett. Ich begann abzuwägen, ob es mir vielleicht wert wäre, zugunsten einer 1a-Fallgrube die an sich nicht gefährliche Brettaktion zu ertragen. Dann fiel mir noch ein, dass ich den Zweck der Graberei wiederum vor meinen Kollegen begründen musste. Die Wurzel der Wonnentau-Story war sozusagen verfault. Und wieder verbog ich meine Gehirnwindungen in alle Richtungen, die Synapsen glühten. Am Ende des Nachmittags hatte ich auch dafür eine wunderbar schlüssige Geschichte erdacht: Ich würde meinen gutgläubigen Freunden erklären, ich litte an Restless Legs, heiße, schmerzende, keine Ruhe findende Beine, die nur in kühler, lockerer Erde Erholung fänden. Dieses Märchen war für meine Kameraden leicht zu glauben, denn in meinen lebhaften Träumen zuckte ich sehr oft mit den Beinen und sie hatten sich auch schon genauso oft darüber beschwert.

Der Abend war gekommen und mit ihm SIE, die die Häuser verschloss. Als SIE in ihrem gelben Haus verschwunden war, buddelte ich mich nach oben, dinierte noch eine halbe Stunde von meinen hängenden Büschen und ging wieder auf Tauchstation.

Kapitel 23

28. APRIL

Ein wunderschöner Frühlingsmorgen begrüßte mich, nachdem ich mich nach oben gearbeitet hatte.

Wer mich nicht begrüßte, war Kopulus. Ich saß noch halb in der Erde, als er loslegte. Er fragte mich, warum ich nicht mehr mit ihnen gemeinsam schlafen würde, ob ich nichts mehr mit ihnen zu tun haben wolle und ob etwas vorgefallen wäre, das mich verärgert hätte. Oder ob ich einfach nur traurig wäre, weil die Wurzel des Wonnentaus verfault war. Er erzählte mir noch, wie gern sie mich hätten und wie sie mich als Geschichtenerzähler schätzten und vermissten. Einerseits war ich sehr gerührt von Kopulus Worten, offenbar konnte ich grantig und seltsam sein, sie mochten mich trotzdem. Andererseits aber war ich fassungslos über den begrenzten

Horizont meiner Kameraden. Sie träumten meinen Traum von Freiheit nicht, sie waren in den engen Grenzen von DAHEIM glücklich. Sie liebten und verehrten SIE, sie verließen sich darauf, dass SIE ihnen Futter brachte und für sie sorgte. Sie konnten nichts dafür, sie waren einfach, gutgläubig und gaben sich mit dem zufrieden, was sie hatten. Sie strebten nicht nach Höherem oder mehr. Liebenswerte und liebenswürdige Gesellen, das waren sie alle miteinander. Ich beschloss spontan, ihnen SIE nicht zu nehmen. Sollten sie doch hier glücklich sein mit SIE. SIE schien ihr Leben nicht zu bedrohen. SIE wollte sie nicht in einem Zoo ausstellen, es könnte sich einfach nur um ein Hobby von SIE handeln. Mit Hobbys der Spezies kannte ich mich aus. SIEs Vorgänger hatten eine Zeitlang Hunde, einen Sommer lang war Ballsport angesagt, dann mussten es neue Fahrräder sein. Solch ein Hobby war schnell gewechselt. Eventuell würden wir DAHEIM bald verlassen müssen, wurden weitergereicht und kamen mit viel Glück zu einem anderen Hobbyisten. ICH würde diesen Weg nicht mit ihnen gehen, ICH würde meinen eigenen Weg gehen. ICH würde fliehen. Der Gedanke, meine treuen Kameraden zurückzulassen, brach mir fast das Herz. Es tat mir fast so weh wie mein Magen. Ich musste frühstücken.

Jegliche Deckung außer Acht lassend bewegte ich mich durch DAHEIM. Eine fast depressive Stimmung hatte mich erfasst, eine Art Endzeitstimmung. Eine Flut unterschiedlicher Gefühle übermannten mich und laugten mich aus. Lustlos knabberte ich an leckeren Pflänzchen, aber sie schmeckten mir nicht. Lange starrte ich den vertrockneten Busch an, der in Rammbocks Fallgrube verdorrte, aber es freute mich nicht. Auch an dem Spiel der Kleinen, dem ich auf Pfannkuchens Hügel sitzend zuschaute, konnte ich mich nicht erfreuen. Die Purzelbuben, von denen einige oder vielleicht sogar alle meine Söhne waren, zurückzulassen, war eine furchtbare Vorstellung. Ich versuchte mich selbst zu trösten, indem ich an die vielen Kinder dachte, die ich nach meiner Flucht nach Griechenland noch haben würde, aber es gelang mir nicht. Schwer deprimiert, tief in meine leidvollen Gedanken versunken, achtete ich nicht auf meine Umgebung und nicht auf den Weg. So geschah das Unvermeidliche, ich stieß gegen den roten Gummistiefel. Bevor ich Himmel, Arsch und Wolkenbruch denken konnte, war es schon vorbei. SIE hatte mich auf den Rücken gedreht und geblitzt, auf das Brett gesetzt und noch einmal geblitzt und genau da saß ich nun und dachte: „Wow!“. Zu mehr war ich nicht fähig, mein Hirn befand sich noch im Schleudergang. Aus alter Gewohnheit gab ich Gas und machte mich aus dem Staub. Erst unter meinen hängenden Büschen machte ich Halt.

Da saß ich nun, war aufgewühlt, meine Gefühle fuhren Achterbahn. Meine Därme fuhren mit. Nie und nimmer hatte ich einen Gedanken daran verschwendet, meine Sippe zu verlassen. In meinen Tagträumen waren wir gemeinsam nach Griechenland gewandert und hatten dort friedlich eine riesige Fläche geteilt. Die Vorstellung, den Weg in die Heimat alleine bewältigen zu müssen, brachte mich in die Realität zurück. Meine kompletten Pläne müssten überarbeitet werden. Meine Kameraden zurückzulassen und alleine nach Griechenland zu gehen, brachte ich nicht über mein Herz. Ich musste in ihnen eine unstillbare Sehnsucht nach der Heimat wecken und ihnen gleichzeitig das Leben im DAHEIM mies reden. Und ich musste sie lehren, SIE wieder zu hassen. Meine Tötungspläne würde ich aufschieben und erst zuschlagen, wenn ich meine Freunde wieder auf meiner Seite hatte. Vielleicht brauchte ich SIE ja gar nicht ins Jenseits befördern. Womöglich starb SIE ganz von alleine. Alt genug war SIE. Nicht töten zu müssen, wäre mir schon recht. Ich hatte noch nie getötet. Einmal hatte ich die Gelegenheit, eine Schnecke zu reißen, entschied mich dann aber dagegen. Aus humanitären Gründen. Aus humanitären Gründen könnte ich auch SIE leben lassen. SIE persönlich hatte bisher letztendlich nichts Schlimmes mit uns getan. Und bloß weil ich eine Spezies nicht mag, kann ich sie nicht ausrotten, ich bin schließlich eine Schildkröte und kein Mensch. Wenn SIE natürlich per Zufall zu Tode käme, z. B. durch das Stolpern in eine Grube, über Werkzeuge oder Katzen, käme mir das zupass. Aber ich brauchte nichts zu forcieren. Gut Ding will Weile haben, meinen Leitspruch murmelnd, grub ich mich ein wenig ein, um zu schlafen.

Nach dem Mittagsschlaf suchte ich meine Kollegen, um ein wenig Stimmung zu machen. Flaschenöffner und Schiefmaul saßen vor dem Gebirge auf dem Sonnenplatz. Ich setzte eine leidende Miene auf und humpelte mühsam zu ihnen. Sogleich fragten sie besorgt, warum ich hinke und was passiert sei. „Das habe ich SIE zu verdanken“, sagte ich mit schmerzerfüllter Stimme. Und dann berichtete ich haargenau, wie SIE mich als Abschiedsgeschenk nach der Brettaktion heftig in das rechte Hinterbein gekniffen hatte und es dabei erst nach rechts dann nach links verdreht hatte und wie dabei meine Knochen geknackt hatten und es meine Sehnen dehnte. Ich beschrieb den stechenden, brennenden, pochenden Schmerz, der mir die Tränen in die Augen getrieben hatte. Meine fürsorglichen Freunde stützten mich auf beiden Seiten und geleiteten mich in das fast durchsichtige Haus. Dort sollte ich auf sie warten, sie wollten mir etwas zum Essen besorgen. Im Laufe des Nachmittags kamen mich alle meine Freunde besuchen, jeder brachte mir einen Happen mit und ich musste immer und immer wieder erzählen, was SIE mir angetan hatte. Sie wollten es gar nicht glauben, dass SIE zu so etwas fähig war. Als aber eine zarte Stimme von DRÜBEN berichtete, dass SIE am Morgen mit voller Absicht beinahe auf ihn getreten sei, kippte das Stimmungsbarometer ein paar Grad in die von mir gewünschte Richtung.

Ich läutete den Abend ein und fing an, Geschichten über Griechenland zu erzählen. Ich ließ herrliche Bilder in ihren Köpfen entstehen, schwärmte in den höchsten Tönen über das Land, in dem Milch und Honig flossen und in dem Kameradschaft und Freundschaft, so wie sie unter uns herrschte, das höchste Gut war. Ins Land der Träume schickte ich sie mit Fantasien von attraktiven Damen, die winkend direkt hinter der Grenzlinie von Griechenland standen.

Kapitel 24

29. APRIL

Die Nacht war wunderbar gewesen. Ich hatte sie im Schlafhaus auf dem besten Platz verbracht, zugedeckt von meinen aufopferungsvollen Freunden. Sie achteten darauf, mein verletztes Bein nicht zu berühren. Gleich nach dem Öffnen der Falltür schwärmten sie aus, um Frühstück für mich zu besorgen. Ich wollte sie davon abhalten, aber sie ließen sich nicht bremsen. Langsam humpelte ich ihnen hinterher. Mein rechtes Hinterbein schmerzte beträchtlich von der Hinkerei. Ich befand mich noch neben dem fast durchsichtigen Haus, als mir schon Kopulus mit einem Blatt im Mund entgegenkam. Er legte es vor mir ab, drehte um und rannte wieder davon. Da das Blatt bitter roch, ließ ich es liegen. Die Vegetationszone war erreicht und ich begann zu weiden. An den

Erschütterungen des Bodens bemerkte ich, dass SIE im DAHEIM war. Das kratzende Geräusch des Rechens ließ darauf schließen, dass SIE die Futterreste und unsere Ausscheidungen beseitigte. Noch konnte ich SIE nicht sehen, ich befand mich im Tal. Ich schlich bis zur Brücke und versteckte mich darunter. Jetzt konnte ich mit meinem scharfen Gehör ausmachen, dass SIE sich an den steinernen Stufen des Hauses zu schaffen machte. Ich wetzte los, vergaß dabei zu hinken, und verbarg mich in der Höhle unter dem Aussichtshügel. Ein kurzes Verharren, dann wechselte ich hinüber in das Stadion. Von dort hatte ich einen guten Blick auf SIE. SIE wässerte endlich einmal wieder die Erde unter den Schlafhäusern, das wurde auch Zeit, sie war schon das letzte Mal, als ich eine Nacht darin verbracht hatte, zu trocken gewesen. Mir fiel auf, dass keiner meiner Kameraden zu SIE lief und nach Futter oder Streicheleinheiten bettelte, so wie sie es gestern noch getan hatten. Schisser und Ichbinunsichtbar hatten sich sogar wie ich in Höhlen versteckt. Schiefmaul und Pfannkuchen fraßen an einem Futterhäufchen und beäugten SIE dabei. Die anderen vier konnte ich nicht sehen. SIE arbeitete den ganzen Vormittag im DAHEIM und DRÜBEN, schaute in alle Höhlen und kontrollierte alle unsere Verstecke. Ich blieb in meiner Höhle sitzen und futterte die Kräuter, die mir meine Lieben brachten. SIE kam auch zu mir und warf einen Blick auf mich, ließ mich aber in Ruhe. Als SIE das DAHEIM zur Mittagszeit verließ, kletterte ich Schmerzen vortäuschend auf den Stadionberg. Von dort konnte ich SIE weiter beobachten. SIE räumte den Terrassentisch frei, ging in das gelbe Haus und kam mit mehreren Kisten, einem Wäschekorb und einem Stapel Zeitungen zurück. SIE stapelte alles auf den Tisch. Dann verschwand SIE im gelben Haus und kam nicht wieder. Ich wartete noch eine geraume Zeit, dann ließ ich mich den Berg hinunterrutschen und ging für meinen Mittagsschlaf in das Haus, um die frisch gewässerte Erde auszuprobieren.

Geweckt wurde ich von Gerumpel und Gepolter und der bebenden Erde. Neugierig kletterte ich über den Steinhaufen und lugte nach draußen. SIE und eine männliche Ausgabe ihrer Art waren dabei, meine Kameraden zu rauben. Gerade griff SIE nach Flaschenöffner, den SIE aus der Höhle der steinernen Schildkröte geangelt hatte. SIE reichte Flaschenöffner dem Mann, der ihn zur Terrasse trug und in dem Wäschekorb verstaute. SIE blickte sich suchend um, ging zur Höhle mit dem Steinpömpel, fingerte darin herum und brachte Rammbock zum Vorschein. Auch er wurde dem Mann gereicht, der ihn in einer kleinen Kiste einsperrte. Schiefmaul fand SIE zwischen den steinernen Mauern im hohen Gras. Er erlitt das gleiche Schicksal wie Rammbock und kam in den Wäschekorb zu Flaschenöffner. Mit schnellen Schritten durchmaß SIE DAHEIM und ging nach DRÜBEN. Eine große Kiste tragend kam der Mann hinter SIE her, stieg ebenfalls ins DRÜBEN und stellte die Kiste dort auf den Boden. Zackig schnappten sie sich drei Kleine, packten sie in die Kiste und trugen sie gemeinsam auf die Terrasse. Dort wurden die Kisten und der Wäschekorb mit Decken verhüllt und von den beiden in das gelbe Haus getragen. Ich war fassungslos und geschockt.
Laut „ALARM" brüllend rannte ich durch DAHEIM und weckte meine Kameraden. Schisser, Pfannkuchen und Ichbinunsichtbar krochen

verschlafen aus ihren Verstecken, Minicooper fand ich in Tränen aufgelöst vor der Höhle mit dem Steinpömpel. Er hatte den räuberischen Überfall mit angesehen und war völlig verstört. Schisser, Pfannkuchen und Ichbinunsichtbar wurden von mir informiert und waren ebenfalls geschockt. Wir eilten zu den Kleinen, die sich auf den Steinstufen versammelt hatten und schon nach uns riefen. Auch den Kleinen erzählten wir, was passiert war und fragten, wer fehlte. Sie zählten rasch durch, sie vermissten einen der Drillinge und einen der Sechslinge. Außerdem Stummelfuß. Es herrschte helle Aufregung. Wir spekulierten über das Schicksal unserer Freunde, wir sorgten uns fast zu Tode um unsere Kameraden. Erste Stimmen gegen SIE wurden laut. Ich registrierte es mit Wohlwollen.

Zwei Stunden später wurden die Entführten wieder gebracht. SIE und der Mann trugen die Kisten und den Wäschekorb ins DAHEIM und nach DRÜBEN, setzten meine unverletzt wirkenden Kollegen ins Gras und stapften davon.

Kaum waren die Beiden im gelben Haus verschwunden, stürmten wir zu unseren Kameraden. Wir sahen in ihre Gesichter und trauten unseren Augen nicht. Sie hatten sich total verändert. Kaum wieder zu erkennen. Flaschenöffner hatte keinen Papageienschnabel mehr, er sah sehr attraktiv aus. Schiefmaul hatte zwar immer noch ein schiefes Maul, wirkte aber viel sympathischer, ein wenig verwegen sogar. Rammbocks Gesichtsausdruck strahlte mit seiner gekürzten Hornschiene noch mehr Dämlichkeit aus, doch es stand ihm. Wir bombardierten die drei mit tausend Fragen, aber wir bekamen keine Antworten. Sie deuteten auf ihren Hals und Rammbock brachte unter Aufbietung seiner ganzen Kräfte ein leises Röcheln zusammen. Sie waren stumm. Stumm wie Stummelfuß. Sie mussten Schreckliches erlebt haben. Das schlechte Gewissen überfiel mich, die Kleinen und Stummelfuß hatte ich total vergessen. Schnell lief ich zum Aussichtshügel, kletterte hinauf und sah hinüber ins DRÜBEN. Stummelfuß saß passgenau in einer Ecke, den Kopf tief in seinen Panzer eingezogen. Die Drillinge und die Sechslinge saßen alle auf einem Haufen und ich hörte tröstende Stimmen und Geräusche. Ich bat die zwei Misshandelten sich zu zeigen. Ihre kleinen Köpfchen tauchten aus dem Haufen auf, sie sahen sehr goldig aus. Die langen Schnäbelchen waren verschwunden, der Drilling trug jetzt ein Dauerlächeln. Auch sie brachten nur krächzende Geräusche heraus. Doch dann holte der kleine Sechsling tief Luft und presste ein einziges Wort heraus: „Tierarzt". Einen Moment war Stille, dann prasselten die Fragen auf den Kleinen ein. Mit einem lauten „Stopp" brachte ich die Bande zum Schweigen und übernahm das Fragenstellen. Ich fragte: „Wart ihr bei einem Tierarzt?", der Kleine nickte. Ich fragte: „Hat der Tierarzt euch die Schnäbel behandelt?", der Kleine nickte. Ich fragte: „Warum könnt ihr nicht mehr sprechen?", der Kleine schwieg. Ich ärgerte mich über mich selbst, der Kleine konnte doch nicht sprechen, ich durfte nur Ja/Nein-Fragen stellen. „Hat es weh getan?", fragte ich. Der Kleine schüttelte den Kopf. „Hast du jetzt Schmerzen?", war meine nächste Frage. Der Kleine nickte und deutete auf seine Kehle. Dann verzog er sein süßes Gesichtchen zum Weinen und die anderen Kleinen begannen sofort, ihn zu streicheln und zu trösten. Da die Schlafenszeit nahte, machte ich den Vorschlag, dass wir alle im Haus nächtigen und ich ihm eine Trostgeschichte erzählen würde. Sein Köpfchen hob sich, er schaute mich mit wässrigen Augen an und nickte tapfer.

Den ganzen Abend, der noch recht lang war, erzählte ich Geschichten von griechischen Helden. Ich erzählte von Herakles, der seinen Musiklehrer Linos mit der Leier erschlug, als dieser ihn zu Unrecht tadelte. Und natürlich lernten sie Odysseus kennen und seine zehnjährige Irrfahrt auf der Heimreise. Als ich von den Kleinen nur noch Schlafgeräusche vernehmen konnte, wurden meine Geschichten würziger. Ich erzählte einiges über Aphrodite, die Schutzherrin der Fortpflanzung und Sexualität, und viel über Helena, die femme fatale der griechischen Mythologie. Rammbock, Flaschenöffner und Schiefmaul bekamen dann die besten Plätze im Schlafhaus und wir Übrigen hielten sie warm. Als SIE spät den Eingang verschloss, ruhten meine Kameraden bereits in Morpheus Armen.

Kapitel 25

30. APRIL

Den Morgen und mit ihm das Öffnen des Eingangs hatten wir alle verschlafen. Am frühen Vormittag schlug ich meine Augen auf und musste missbilligend feststellen, dass die Haussonnen nicht schienen. Zwar lagen die Steinstufen im hellen Himmelsonnenlicht, aber dass die Haussonnen nicht leuchteten, war ungewöhnlich. SIE begann wahrscheinlich bereits, ihr Hobby zu vernachlässigen. Unter mir regte sich Rammbock. Ich machte ihm Platz und er folgte mir auf die Steinstufen. Er räusperte sich dabei unentwegt. Wir ließen uns Kopf an Kopf nieder und Rammbock begann flüsternd, fast stimmlos zu berichten. Im Telegrammstil, mit großer Anstrengung, unterbrochen von ständiger Räusperei, erfuhr ich Folgendes: Er war in seiner Kiste eingesperrt mit dem Auto zu einem Tierarzt transportiert worden. Der Tierarzt hatte ihm mit einem scharfen Gegenstand ein Loch in den Bauchpanzer gekratzt. Danach wurde ihm mit einer Art Kreissäge die Schnauze poliert. Und als krönenden Abschluss rammte der Tierarzt ihm ein langes Rohr in den Rachen und flößte ihm eine übelschmeckende Substanz ein. Rammbocks Stimme versagte endgültig. Er musste rülpsen und eine Wolke Gestank umhüllte mich. Die Übelkeit niederkämpfend, schlug ich ihm vor, ein Schlückchen trinken zu gehen, sich aber ja vor SIE in Acht zu nehmen und sich notfalls gegen ein erneutes Verschleppen zu wehren. Ich sah Rammbock nach, er ging mit vorsichtigen Schritten Richtung Wasserstelle, blieb immer wieder stehen und hob die Nase witternd in die Höhe.

Im Haus fuhr der Geräuschpegel langsam in die Höhe und die ersten Nasen wurden sichtbar. Kopulus und Schisser kletterten über die Steine und kamen zu mir auf die Stufen. Sie waren sehr neugierig und fragten mich, ob Rammbock wieder sprechen könne. Ich bejahte und gab Rammbocks Geschichte weiter. Kopulus war entsetzt. Rammbocks Tierarzterlebnis unterschied sich gewaltig von seinem. Ihm war sein DING gesalbt worden und das hatte er als angenehm empfunden. Rammbock war regelrecht gequält worden. Ungeduldig warteten wir auf Schiefmaul und Flaschenöffner. Als die beiden sich zu uns gesellten, mussten wir leider feststellen, dass sie nicht zu sprechen in der Lage waren. Also stellte ich ihnen Ja/Nein-Fragen. Ich fragte: „Hat der Tierarzt euch ein Loch in den Bauchpanzer gekratzt?“, sie schüttelten den Kopf. Dass sie mit der Kreissäge bearbeitet worden waren, sah ich, also fragte ich sie nach dem langen Rohr und der übelschmeckenden Substanz. Beide nickten und Flaschenöffner machte würgende Geräusche dazu. Ichbinunsichtbar, Pfannkuchen und Minicooper waren nun auch erwacht. Auch ihnen teilten wir die Neuigkeiten mit, worauf Minicooper sofort wissen wollte, wo Rammbock jetzt sei. Ich informierte ihn und er sauste los, um Rammbock zu hofieren. Die Kleinen riefen zu uns herüber, dass der Sechsling uns etwas erzählen könne, er sei leise aber verständlich. Wir verabredeten uns mit ihnen beim Aussichtshügel und marschierten los. Pfannkuchen, Ichbinunsichtbar, Kopulus, Schisser und ich drängten uns auf dem Hügel zusammen, Flaschenöffner und Schiefmaul waren zur Wasserschale bei den Margeriten gegangen, um zu trinken und ihren wunden Schlund zu kühlen. Der kleine Sechsling mit dem drolligen Spitzbubengesicht war schwach zu hören, deshalb sprach ein anderer Sechsling ihm alles laut und deutlich für uns hörbar nach. Das pfiffige kleine Kerlchen hatte genau aufgepasst und vor allen Dingen genau hingehört. Im Auto in seiner Kiste hockend, konnte er das Jammern des Mannes hören. Er klagte über die hohen Kosten, die der Tierarzt verursachen würde. SIE redete beschwichtigend auf ihn ein. Beim Tierarzt hatte er gehört, dass Rammbock eine Metrose am Bauchpanzer hatte, und dass die Metrose ausgekratzt werden muss und dass Rammbock ein Blaschter aufgeklebt wurde. Außerdem hatte Rammbock wohl ein sogenanntes Waschwecken so vollgeschissen, dass es verstopfte. Von der Kreissäge blieb nur Stummelfuß verschont und allen wurde das lange Rohr so tief in den Körper geschoben, dass es fast hinten wieder herausgekommen war. Das hatte sehr weh getan. Die übelschmeckende Substanz waren Würmer gewesen, das hatte der Tierarzt gesagt. Der Tierarzt sei ein sehr großer, sehr grober Mensch gewesen, der ihn am Kopf in die Höhe gehalten hatte, als er ihn pfählte. Außerdem hatte der Tierarzt gesagt, dass sie alle sehr hässlich seien. SIE und der Tierarzt hatten miteinander entspannt geplaudert und viel gelacht. Dem Kleinen versagte die Stimme, er konnte nicht mehr weiter erzählen. Ich schickte ihn zur Wasserstelle, damit er seine Kehle kühlt.

Mit diesen unglaublichen Neuigkeiten gespeist, arbeitete mein Hirn auf Hochtouren. Was das alles zu bedeuten hatte, welchem Zweck es diente, musste ich herausfinden und dazu musste ich alleine sein. Meinen Kollegen und den Kleinen riet ich, Verstecke aufzusuchen und sich von SIE fern zu halten. Eifrig stimmten alle zu und in Null-Komma-Nichts waren alle verschwunden. Das Misstrauen gegen SIE schien in meinen Artgenossen zu wachsen, mit der Vergewaltigung unserer Freunde hatte SIE unsere verschworene Gemeinschaft wieder hergestellt. Blut war eben doch dicker als Wasser. Ich nahm den langen Weg zu den hängenden Büschen unter meine Füße und frühstückte unterwegs.

Unter den hängenden Büschen grub ich mir eine kleine Kuhle und legte mich hinein. Mit Hilfe meines analytischen Verstandes durchleuchtete ich die Aussagen des kleinen Sechslings. Wort für Wort rief ich mir ins Gedächtnis, was der Kleine gesagt hatte. Die hohen Kosten, über die der Mann gejammert hatte und die SIE abwiegelte, sprachen dafür, dass wir SIEs Hobby waren. Was eine Metrose war, wusste ich nicht, traute Rammbock aber durchaus zu, dass er so etwas besaß und der Tierarzt es haben wollte. Auch unter einem Blaschter konnte ich mir nichts vorstellen, aber da es wohl an Rammbocks Bauchpanzer klebte, könnte ich es mir später ansehen. Die Information, dass Rammbock ein Waschwecken bis zur Verstopfung vollgeschissen hatte, verbuchte ich als passiven Widerstand Rammbocks. Ich stellte mir ein Waschwecken ein bisschen wie eine Gießkanne vor, die konnte man auch durch Vollscheißen verstopfen. Mit der Kreissäge hatte der Tierarzt fünf meiner Freunde gequält. Ich musste zugeben, dass sie besser aussahen als vorher. Flaschenöffner kam mit der langen Harke, die er im Gesicht hatte, schon lange beim Essen nicht mehr zurecht, genauso wie der Drilling. Und Schiefmaul konnte mich nun nicht mehr mit seinen abgebrochen, scharfen Schnabelkanten verletzen, er war gewissermaßen entschärft. Alle sechs waren vom Tierarzt, der ein Grobian war, an den Köpfen gepackt worden und er hatte ihnen mittels eines langen Rohres ein Mittel eingeflößt, von dem der Sechsling glaubte, dass es Würmer gewesen seien. Hier musste ich nachhaken: Welchem Zweck diente es, einer Schildkröte Würmer einzuführen? Wir Schildkröten verspeisen schon einmal einen Wurm, wenn wir schneller sind als er. Manch einer von uns mag auch gerne einmal eine Schnecke. Aber im Großen und Ganzen sind wir Vegetarier. Vielleicht sollten wir umgepolt werden, um dann Würmer zu jagen oder Nacktschnecken. Eventuell wollte SIE uns zu einer Art Laufentenbrigade umerziehen und uns dann vermieten. Den Gedanken befand ich als zu absurd und ich schob ihn zur Seite. Wenn mein Gehirn einmal damit angefangen hatte, abstruse Ideen zu produzieren, hörte es so schnell nicht wieder damit auf. Ich musste eine Denkpause einlegen. Mein Magen meldete sich und schickte mich auf einen Weidegang. Nachdem ich mir den Bauch vollgeschlagen hatte, überkam mich die übliche Mittagslethargie. Unter meinen hängenden Büschen fand ich die nötige Ruhe für meinen Mittagsschlaf.

Beziehungsweise ich fand sie nicht. Mein aktives Hirn machte mir einen Strich durch die Rechnung. Noch einmal ließ ich jedes Wort des kleinen Sechslings abspielen. Er hatte etwas Wichtiges gesagt, ich kam nur noch nicht dahinter, was es gewesen war. Meine Leibschmerzen plagten mich, ich brauchte Bewegung, um meinen Darm zu entkrampfen. Während ich an den Außenbrettern von DAHEIM entlang trabte, fasste ich das Gehörte tabellarisch zusammen:

	Bauchpanzer auskratzen	Kreissäge	Wurmgabe
Rammbock	X	X	X
Flaschenöffner		X	X
Schiefmaul		X	X
Stummelfuß			X
Drilling		X	X
Sechsling		X	X

Beim Anblick der Tabelle fiel bei mir der Groschen. Die wichtige Information des Sechslings war folgende: Die Behandlungen waren unterschiedlich gewesen, aber alle 6 hatten die Würmer bekommen. Stummelfuß war einzig wegen der Würmer beim Tierarzt gewesen. Ich schlussfolgerte daraus, dass wir alle dorthin gebracht würden und dass wir kaum eine Chance hatten, diesem Schicksal zu entgehen. Außer uns gelang die Flucht oder SIE nippelte ab. Das Abnippeln von SIE konnte momentan von mir nicht beschleunigt werden, der Zufall musste zuschlagen. Aber die Flucht konnte ich vorbereiten, leider wusste ich nicht, ob alle meine Kameraden schon auf meiner Seite standen oder ob sie noch SIE verfallen waren. Deswegen war es von hoher Dringlichkeit, meine Freunde über den anstehenden Tierarztbesuch zu informieren und Ängste zu schüren.

Ich vermutete, dass sie noch in tiefem Mittagsschlaf lagen und war deshalb sehr überrascht, dass ich Flaschenöffner und Ichbinunsichtbar wach im fast durchsichtigen Haus vorfand. Flaschenöffner sprach flüsternd und Ichbinunsichtbar hörte mit offenem Mund zu. Dann zeigte Flaschenöffner seinen Schnabel von allen Seiten. Ich trat dazu und forderte Flaschenöffner auf, mir vom Aufgreifen im DAHEIM bis zur Wiederkehr alles haarklein zu berichten. Ich erfuhr folgendes: Im Wäschekorb hatte Schiefmaul einen großen Angstschiss gehabt. Beim Tierarzt war Flaschenöffner das zweite Opfer gewesen. Das Abtrennen des Schnabels war nicht schmerzhaft. Das Schlucken des Rohres schon. Er hatte sich heftig gewehrt und den Tierarzt fast gebissen. Außerdem hatte er der Helferin des Tierarztes die Hand zerkratzt. Von dem Gespräch zwischen SIE und dem Tierarzt hatte er gar nichts gehört, da Schiefmaul ohne Unterbrechung „Ohgottohgottohgott“ gerufen hatte. Die Autofahrt war bei weitem nicht so schlimm gewesen wie die letzte Fahrt, die vom Gefängnis ins DAHEIM führte, hatte aber länger gedauert.

Ich lobte ihn für seine Wehrhaftigkeit und überließ ihn wieder Ichbinunsichtbars Bewunderung. Es trieb mich weiter zu Schiefmaul und seiner Berichterstattung. Also schlug ich den Weg ins vordere DAHEIM an und schaute unterwegs unter jeden Busch und in jede Höhle. Rammbock und Minicooper fand ich schlafend vor. Schiefmaul konnte ich schließlich in der Höhle unter der steinernen Schildkröte finden. Ich weckte ihn sanft und auch er konnte mit flüsternder Stimme berichten: Im Wäschekorb hatte Flaschenöffner einen großen Angstschiss gehabt. Beim Tierarzt war Schiefmaul direkt nach Flaschenöffner an der Reihe gewesen. Das Abschleifen des zerbrochenen Schnabels war nicht schmerzhaft gewesen, aber sehr unangenehm. Er hatte sich dabei nach Leibeskräften gewehrt und den Tierarzt mehrmals gebissen. Der Helferin hatte er beide Hände zerkratzt. Vom Gespräch des Tierarztes und SIE konnte er nichts verstehen, da Flaschenöffner in einem fort „Ohjehmineohjehmine“ geschrien hatte. Auch von der Autofahrt erfuhr ich nichts Neues von ihm.

Jetzt blieb mir nur noch der Drilling. Ich erkletterte den Aussichtshügel und schaute in ein leeres DRÜBEN. Lange musste ich nicht warten, bis die ersten Kleinen aus ihren Verstecken krochen. Sie waren munter und vergnügt wie immer. Auch der Sechsling und der Drilling kamen dazu. Der Drilling mit dem Dauerlächeln sah mich auf meinem Hügel und kam herbei. Den Sechsling hatte er im Schlepptau. Die Stimme des Drillings war erstaunlich kräftig und er bestätigte mir meine schreckliche Vermutung: Wir werden in dieser Woche alle zum Tierarzt gehen! SIE hatte es bei der Verabschiedung erwähnt, dass SIE am Ende der Woche noch zwei Termine hätte. Mir blieb also nicht mehr viel Zeit, Fluchtpläne zu erarbeiten. Von Tötungsplänen und deren Umsetzung ganz zu schweigen.

Eine Vollversammlung war vonnöten. Der beste Ort für eine solche war hier am Hügel. Ich beauftragte den Drilling und den Sechsling, die restlichen Kleinen und auch Stummelfuß zusammen zu trommeln, und machte mich auf den Weg, meine Kameraden zu informieren. Eine halbe Stunde später waren alle soweit, wir trafen uns. Dann hielt ich eine flammende Rede, an deren Ende ich meine Kameraden und auch die Kleinen davon überzeugt hatte, dass SIE eine falsche Hexe war und Tierversuche mit uns vollzog, für die sie höchstwahrscheinlich von der Pharmaindustrie horrende Bezahlung erhielt. Den Einwand des Sechslings, dass SIE den Tierarzt bezahlen musste, ließ ich nicht gelten. Meine Kameraden waren empört über das Verhalten von SIE. Die, die noch nicht beim Tierarzt gewesen waren, fürchteten sich … zu Recht. Auch ich gehörte dazu. Einige der Kleinen weinten, teils aus Angst vor dem Tierarzt, teils aus Enttäuschung, sie hatten SIE doch so vertraut. Die Emotionen meiner Kollegen kochten hoch, alle waren mehr als böse auf SIE, sie forderten Vergeltung und die gleichen

dummen Vorschläge wie in den ersten Tagen wurden gemacht: Erhängen, Ertränken usw. Ich übernahm wieder die Führung meiner Sippe und donnerte: „Lasst uns gemeinsam fliehen! Zieht mit mir gen Griechenland! Begebt euch mit mir auf unsere eigene Odyssee. Seid Odysseus, seid Herakles, gemeinsam sind wir stark."
Ein tosender Panzerklopfenapplaus brandete auf, alle brüllten durcheinander, bis auf Flaschenöffner, Rammbock, Schiefmaul, der Drilling, der Sechsling und natürlich Stummelfuß. Wiederum gebot ich Ruhe und sagte mit Grabesstimme: „Nun lasst uns das Notwendige unternehmen und überprüft die Grenzbretter auf Schwachstellen. Untersucht sie Zentimeter für Zentimeter und schaut auch auf Pflanzen, die zu nah an der Absperrung wachsen, Baumstämme, die wir bewegen können und als Ausbruchshilfe verwenden können. Strengt eure kleinen Gehirne an und ersinnt das Unmögliche."
Meine Familie schaute etwas verwirrt, deshalb formulierte ich noch einmal um: „Lauft an den Brettern entlang und sucht nach Lücken. Guckt nach Pflanzen, die nah an den Brettern wachsen. Überprüft, ob ihr Baumstämme bewegen könnt. Wenn jemand etwas findet, erstattet mir Bericht, also sagt es mir."
Derart instruiert, zogen meine Kameraden los und auch die Kleinen machten sich auf den Weg. Auch ich begab mich auf Patrouille.

Eigentlich kannte ich DAHEIM in- und auswendig. Trotzdem hatte ich mich nie wirklich um die Grenzbretter gekümmert. Jetzt lief ich daran entlang und maß ihre Höhe. Sie waren etwa zwei Schildkröten hoch (das entspricht etwa 46 Zentimeter), aber leider nach innen geneigt, so dass ein Überklettern unmöglich war. Ihre Länge betrug etwa 17 Schildkröten, sie waren so dick, wie mein Schwanz lang und wogen bestimmt 1.000 ausgewachsene Schildkröten. Als SIE das DAHEIM betrat, befand ich mich gerade auf völlig freiem Feld. Ich stieß einen dumpfen Alarmruf aus und konnte sehen, dass die Kameraden, die sich in meiner Nähe aufhielten, sofort in Deckung gingen. Es war plötzlich mucksmäuschenstill im DAHEIM und auch von DRÜBEN war kein Laut mehr zu hören. Ich verfiel in eine Art Schockstarre, als SIE auf mich zukam. SIE warf nur einen kurzen Blick auf mich und ging suchend durch das DAHEIM. SIE kontrollierte und inspizierte die Höhlen und Häuser, fand Schiefmaul, Rammbock und Flaschenöffner der Reihe nach und blitzte sie mit dem Augenapparat ins Gesicht. Rammbock wurde von SIE zusätzlich noch auf den Rücken geworfen und SIE betrachtete das Blaschter. Das Blaschter hatte ich ganz vergessen, das wollte ich mir auch noch anschauen. Rammbock hatte es noch gar nicht erwähnt. SIE stieg dann hinüber zu den Kleinen und setzte sich auf die Steinstufen vor dem Haus. Dort wartete SIE. Von meiner Position aus konnte ich nur SIEs Kopf und SIEs Schulter sehen. Nach sehr kurzer Zeit hörte ich meine kleine Schar aus ihren Verstecken kommen, kichernd und giggelnd. Alle meine ermahnenden Worte hatten sie schon wieder vergessen. Die Köpfchen voller Unsinn und komplett ohne Langzeitgedächtnis wuselten sie herum. Meine Schockstarre löste sich und ich konnte zum Aussichtshügel hinüber laufen. Ich erklomm ihn halb, von dort konnte ich sehen, wie SIE das Auge auf den Drilling und den Sechsling richtete. SIE blieb danach noch eine Ewigkeit auf den Stufen sitzen und sah

den Kleinen beim Spielen zu. Für Stummelfuß hatte SIE Kräuter dabei, die SIE ihm anreichte, als er endlich aus seiner Stammecke auftauchte. Dass Stummelfuß die Kräuter annahm, stimmte mich traurig. Er war kein gutes Vorbild für die Kleinen. Als die Sonne an Kraft verlor, verließ SIE DRÜBEN und ging in ihr gelbes Haus. Nun wagten sich meine Kollegen wieder aus ihren Verstecken. Ich war stolz auf sie. Sie hatten mich wieder als ihren Anführer akzeptiert und meinen Anweisungen Folge geleistet.
Da mein Magen knurrte, ging ich davon aus, dass sie auch hungrig waren und gab ihnen frei für die Essensaufnahme. Zum Schlafen sollten sie ins Haus kommen. Wir hatten viel zu besprechen und dort ist die Akustik einfach besser.

Tatsächlich waren alle acht am Abend anwesend. Ich wollte gerne Rammbocks Blaschter anschauen, aber er weigerte sich, es mir zu zeigen. Dazu hätte er sich auf den Rücken legen müssen und das hasste er genauso wie ich. Schließlich konnte ich ihn dazu überreden, sich auf Ichbinunsichtbar und Minicooper aufzustützen, so dass ich einen kurzen Blick darauf werfen konnte. Bei dem Blaschter handelte es sich um ein Stückchen Stoff, das auf dem Bauchpanzer klebte und das Loch darin schützte. Keine schlechte Sache, aber das äußerte ich nicht laut. Ich fragte die drei nach ihrem Wohlbefinden und ob sie etwas von den Würmern spürten. Flaschenöffner schwärmte davon, wie leicht ihm das Abbeißen fiel und dass seine Leibschmerzen nicht mehr so stark waren. Auch Schiefmaul konnte das bestätigen. Nur Rammbock spürte keinerlei Veränderung. Die Haussonne funktionierte immer noch nicht und es wurde schnell düster. Im Dämmerlicht tasteten wir uns in die Schlafhäuser. Die wenigen Kleinen auf der anderen Seite taten es uns nach. Meine heutige Gute-Nacht-Geschichte handelte von Aeneas. Dieser einzigartige Held floh mit seinem Gefolge aus der Stadt Troja. Er erreichte schließlich Italien und ward zum Gründer einer neuen Kultur: Rom. Ich machte aus Italien Griechenland und aus Rom Testudo-City. Danach sang ich ihnen noch die ersten beiden Strophen der griechischen Nationalhymne vor, der Hymne an die Freiheit:

Ich erkenn' dich an der Klinge
deines Schwerts, der furchtbaren.
ich erkenn' dich an dem Blicke,
der mit Kraft die Erde misst.

Von den heiligen Gebeinen der
Hellenen auferweckt und, wie einst,
nun stark geworden, Freiheit,
Freiheit, sei gegrüßt!

Die Melodie wich eventuell ein wenig vom Original ab, Musikalität gehörte nicht zu meinen Stärken. Aber ich war textsicher. Die übrigen 156 Strophen hatte ich alle im Kopf und würde sie meinen Freunden in den nächsten Tagen nahebringen. Noch einmal ließ ich unsere Hymne erklingen und mit den letzten Worten „Freiheit, Freiheit, sei gegrüßt", verschloss SIE den Eingang des Hauses.

Kapitel 26

1. MAI

Ein regnerischer Morgen, an dem es nicht hell werden wollte, brach an. Die Haussonne war immer noch erloschen, der Eingang des Hauses verrammelt. Die Temperatur war empfindlich gesunken, ich hörte den Wind um das Haus pfeifen. Gerade wollte ich anfangen zu frieren, da hörte ich das Nähern von SIE. Der Eingang öffnete sich scheppernd, die ganze Tür wurde entfernt, SIEs Arm erschien, es klickte und die Haussonne ging auf. Die Tür schloss sich, der Eingang blieb offen und SIE entfernte sich stampfend. Von dem Lärm, den SIE veranstaltet hatte, waren alle meine Kameraden und auch die Kleinen im DRÜBEN erwacht. Wir stapelten uns zu neunt unter der Haussonne, um auf Betriebstemperatur zu kommen.

Flaschenöffner und Schiefmaul summten vergnügt die Hymne der Freiheit, was ich wohlwollend zur Kenntnis nahm. Auch Rammbock war gut gelaunt wie nie und erzählte Minicooper einen Witz, worüber sich Minicooper ausschüttete vor Lachen. Ich ermahnte meine Freunde zur Ernsthaftigkeit und verteilte die Aufgaben für den heutigen Tag. Neben der Futteraufnahme sollten alle nach Fluchtmöglichkeiten suchen. Vor allen Dingen sollten sie auch die Grenze zu DRÜBEN genau prüfen, denn von den Kleinen war eine sinnvolle Tätigkeit in dieser Beziehung einfach nicht zu erwarten. Sie hatten noch nicht genug Reife, waren noch zu verspielt und vergaßen ihre Hausaufgaben unmittelbar. Nach wie vor galt die Devise: Verstecke sich, wer kann beim Anblick SIEs. Vorsichtig schlichen wir uns aus dem Haus und verteilten uns im Gelände. Jeder wusste, was zu tun war. Ich hatte mir vorgenommen, die Steine, auf denen die Bretter ruhten, zu überprüfen. Jeden einzelnen versuchte ich zu bewegen und nach außen zu stoßen. Leider saßen alle bombenfest. Die Pfosten, an denen die Bretter angeschraubt waren, standen zu weit auseinander, als dass man sie als Ausbruchshilfe hätte benutzen können. Rammbock rief uns dann zusammen. Er hatte das Gefühl, ein Baumstamm bewege sich, wenn er mit Anlauf dagegen boxte. Alle neun gemeinsam schafften wir es dann tatsächlich, den Baumstamm näher an den Bretterzaun zu rücken. Es war eine Mordsarbeit und es kostete uns fast alle Kräfte. Nach dieser Plackerei mussten wir ausgiebig frühstücken. Leider konnten wir nach dem Frühstück an dem Stamm nicht weiter arbeiten, da SIE ins DAHEIM kam und auf allen Vieren durch das nasse Gras kroch. Sie stach mit einem Werkzeug Pflanzen aus und sammelte sie in dem großen grünen Eimer. Es handelte sich dabei um die Igitt-Blume mit den bitteren Blättern. Die schoss momentan wie Unkraut in die Höhe und nahm den leckeren Pflänzchen den Platz. Als ich SIE durch das Gras krabbeln sah, fasste ich einen tollkühnen Entschluss. Ich raste los. Mit der Geschwindigkeit von Hermes, den ich überhaupt nicht mag, weil er eine Schildkröte getötet hatte, die er als Resonanzkörper benutzte und so die Leier erfand, erreichte ich den Aussichtshügel und kletterte hinauf. Jetzt befand ich mich auf der gleichen Höhe wie SIEs Kopf. Ich musste nur noch abwarten, bis SIE in die Reichweite meiner Krallen käme, dann wäre es um SIE geschehen.

Mit angehaltenem Atem stand ich auf dem Hügel, mein rechtes starkes Vorderbein in die Luft erhoben und wartete. SIE kam mir immer näher. SIE achtete nicht auf mich, sah nur nach den ekligen Igitt-Pflanzen. Nun war SIE mir sehr nah. Ich fauchte SIE an, so laut ich konnte. SIE hob den Kopf, ich hob das krallenbewährte Vorderbein noch etwas höher und erstarrte in meiner Bewegung. SIEs Gesicht war dicht vor meinem und ich sah vor SIEs Augen Schutzgläser, in denen ich mich spiegelte. Vor Überraschung klappte mir das Maul auf. SIE lächelte mich an, hob ebenfalls ihren rechten Arm und tippte mit ihrem Finger gegen meinen Vorderfuß. Dann kroch sie weiter und ließ mich total perplex stehen. Mein Plan, SIE ein Auge auszukratzen, rauschte den Bach herunter. Alle Energie wich aus mir und ich rutschte den Hügel auf dem Bauch herunter.

Da es wieder zu regnen begann, verzog ich mich in das fast durchsichtige Haus, in dem ich Rammbock und Minicooper antraf. Rammbock erzählte schon wieder einen Witz und Minicooper war total geschwächt vor lauter Lachen. Ich hörte zu und stellte fest, dass Rammbock immer den selben Witz erzählte und Minicooper sich jedes, wirklich jedes Mal beömmelte, als hätte er ihn zum ersten Mal gehört. Der Witz war recht kurz und lautete: „Wie nennt man eine Wasserschildkröte mit Blähungen?" – Ein Luftkissenboot!

Schon bei dem Wort Blähungen brach Minicooper in hysterisches Gekicher aus und beruhigte sich erst nach Luftkissenboot wieder. Er japste, rang nach Luft und stieß dabei pausenlos kleine Fürze aus, was ihn noch mehr belustigte. Ich ließ die beiden alleine, schaute kurz nach der kriechenden SIE im vorderen DAHEIM und checkte dann die Grenzbretter im hinteren DAHEIM. Es dauerte nicht lange und ich hatte eine vielversprechende Stelle im Auge. Nah an den Brettern wuchsen hohe, schlanke Pflanzen, die nicht sonderlich stabil waren. Alle plattgewalzt und übereinander gelegt, boten sie eine nette Pflanzenleiter in die Freiheit. Ich nahm noch eine zweite Stelle näher in Augenschein, aber die dort wachsenden Pflanzen waren nicht stark genug. Zufrieden mit der Ausbeute des Morgens und nass von dem unaufhörlich tropfenden Regen verzog ich mich in das fast durchsichtige Haus und legte mich unter die Sonne zu Rammbock und Minicooper. Sie waren glücklicherweise eingeschlafen, Minicooper gluckste hin und wieder im Schlaf. Das eintönige Tropfen auf dem Dach schläferte mich ein und ich driftete weg.

Energiegeladen und hungrig wurde ich wach, schob mich an Rammbock vorbei und trat ins Freie. SIE kroch auf der Wiese neben unserem DAHEIM herum, zog den Eimer hinter sich her und stach auf den Boden ein. Ich duckte mich hinter das Grenzbrett und lief nach vorne. Schisser, Pfannkuchen, Ichbinunsichtbar und Kopulus liefen hintereinander an der Einfriedung entlang. Gewissenhaft untersuchten sie die Bretter und winkten mit einem Mal aufgeregt in meine Richtung. Offensichtlich hatten sie etwas entdeckt, sie trappelten aufgeregt auf dem Fleck und konnten es nicht erwarten, bis ich da war. Ich begutachtete die von ihnen gefundene Lücke und war sehr stolz auf sie. Beide Pfosten, die ein kurzes, höchstens fünf Schildkröten langes Brett stützten, waren locker. Noch ein paar Rammstöße von Rammbock und sie würden fallen. Pfannkuchen wollte sich sofort an die Arbeit machen, was wieder einmal bewies, dass er nicht dazu imstande war, sein Gehirn zu benutzen. Ich bremste ihn und beorderte die vier ins fast durchsichtige Haus zur Besprechung. Unterwegs sammelten wir noch Ichbinunsichtbar und Schisser ein. Alle neun hockten wir ein wenig später im fast durchsichtigen Haus unter der Sonne. Zum ersten Mal konnte ich den Fluchtplan konkretisieren. Ich berichtete ihnen von der Pflanzenleiter im hinteren DAHEIM, Kopulus stellte die losen Pfosten vor und Rammbock durfte von dem Baumstamm, den er ganz alleine gefunden hatte, was eine Heldentat darstellte, erzählen. Der Weg nach draußen war gesichert. Jetzt mussten wir nur noch einen Weg vom DRÜBEN nach DAHEIM für die Kleinen suchen. Da sie alle wahre Kletterkünstler und völlig furchtlos waren, würde das aber bestimmt kein großes Problem darstellen. Die hohen, schlanken, verholzten Pflanzen, die sich so hervorragend als Pflanzenleiter anboten, wuchsen auch im DRÜBEN. Da der Regen wieder stärker wurde, wollte niemand das fast durchsichtige Haus verlassen und meine Kameraden baten mich um eine Geschichte. Ich erzählte ihnen die Geschichte von Achilles und der Schildkröte. Sie handelt davon, dass Achilles zu einem Wettrennen gegen eine Schildkröte antritt. Da diese nicht so schnell laufen kann wie Achilles, bekommt die Schildkröte einen Vorsprung. Für Achilles gilt es nun diesen Vorsprung einzuholen.

Doch wenn Achilles an der Stelle ist, wo vorher die Schildkröte war, hat diese wieder einen neuen (wenn auch kleineren) Vorsprung vor Achilles und erreicht dieser die neue Stelle der Schildkröte, hat sie wieder einen neuen Vorsprung. Achilles schafft es also scheinbar niemals, die Schildkröte zu überholen, sondern lediglich den Vorsprung der Schildkröte auf ein Minimum zu verkleinern. Diese Geschichte gefiel ihnen so gut, dass ich sie noch einmal erzählen musste und dann noch einmal. Bis zum frühen Abend erzählte ich. So nach und nach waren immer mehr Kleine im fast durchsichtigen Haus erschienen. Als alle anwesend waren, erzählte ich die Geschichte ein letztes Mal. Von der positiven Entwicklung des Fluchtplanes erfuhren die Kleinen nichts von mir und meinen Kameraden. Wir hatten beschlossen, die Kleinen außen vor zu lassen und sie erst im letzten Moment vor der Flucht zu informieren. Die Kleinen forderten mich, als die Sonne ausging und wir auf unseren Schlafplätzen lagen, auf, das schöne Gute-Nacht-Lied vom Vortag zu singen. Inbrünstig stimmte ich die Hymne der Freiheit an und sang sie in den Schlaf.

Kapitel 27

2. MAI

Es war mir neu, dass man sich selbst in den Schlaf singen kann, aber genau das war geschehen. Das Verschließen des fast durchsichtigen Hauses hatte ich nicht bemerkt. Mein elendes Gedärm hatte mich geweckt und ich schaffte es wieder einmal nicht in die Wasserschale. Direkt vorm Schlafhaus musste ich mich erleichtern, meine Kameraden würden nachher durch die Sauerei waten müssen. Gerade wollte ich mich unter die Sonne fläzen, als sich die Falltür hob und auf das Dach rumste. Eine böse Ahnung beschlich mich. Und tatsächlich wurde eine fast durchsichtige Kiste mit grünem Deckel auf den Boden gestellt. SIE ließ sich auf die Knie herunter und kam herein. Für mich ergab sich keinerlei Fluchtmöglichkeit. Die Kiste und SIE versperrten mir den Weg nach draußen. So konnte ich nichts dagegen tun, dass SIE mich in die vermaledeite Kiste packte. Sie passte mir ganz genau, ich konnte noch nicht einmal den Kopf aus dem Panzer strecken. Der Deckel schloss sich und ich war gefangen. Mir war völlig klar, was jetzt passieren würde. Ich würde den Tierarzt kennen lernen. Die Kiste schleifte ein Stück über den Boden, dann ging es in atemberaubender Geschwindigkeit in die Höhe und dann begann das Geschaukel. SIE trug die Kiste mit ihrem paralysierten Inhalt bis zum Terrassentisch und stellte sie dort ab. Der Deckel öffnete sich, SIE holte mich wieder aus der Kiste heraus und ich wanderte in einen größeren Korb. Eine blaue Decke senkte sich über den Korb und es wurde dunkel. Die Schritte polterten davon und ich schob vorsichtig den Kopf heraus. Ich tastete umher, bis ich die Größe des Korbes erfasst hatte. Meine Augen gewöhnten sich rasch an das Dämmerlicht. Jetzt konnte ich die Zeitung sehen, auf der ich saß. Ich erkannte, dass der Korb rot war und seitlich Sehschlitze hatte, vor denen allerdings die blaue Decke hing. Ich stellte mich auf und konnte auf Krallenspitzen stehend mit der Nase die Decke berühren. Ich versuchte ein wenig zu hüpfen, um in die Decke beißen zu können, aber es gelang mir nicht. Hüpfen gehörte wohl eher nicht zu den Fähigkeiten einer Schildkröte. Ich randalierte mit allen Kräften in dem Korb herum, konnte ihn aber dadurch nicht kippen und er bewegte sich auch nicht spürbar von der Stelle. Da mein Blut in den Ohren rauschte, hörte ich SIE erst spät und im nächsten Moment schwebten mein Korb und ich durch die Luft. Nach dem Abstellen des Korbes wurde es heller und ich konnte durch die seitlichen Schlitze hinaussehen. So musste ich mit ansehen, wie Pfannkuchen und Ichbinunsichtbar aus dem fast durchsichtigen Haus geholt wurden. In ihrer Kiste wurden sie neben mir abgestellt. Drei der Kleinen wanderten in einen Wäschekorb und dann ging es los.

Autofahren war mir nicht unbekannt. Das hatte ich schon mehrmals in meinem Leben getan. Es ist unangenehm, man rutscht hin und her, es ist laut und die Vibrationen lösen Bauchkrämpfe. Nach kurzer Zeit saß ich in meinen Ausscheidungen, was nicht sehr angenehm war. Die Fahrt dauerte und dauerte. Von dem Gespräch zwischen SIE und der Fahrerin des Autos verstand ich keinen Ton, aber nach wie vor konnte ich unter der blauen Decke aus meinen Sehschlitzen linsen. Das Einzige, was ich sah, war der schuppige Ellbogen von SIE. Endlich stoppte das Auto und das Autogeräusch erstarb. In der Stille, die jetzt herrschte, konnte ich dem Gespräch zwischen SIE und der Fahrerin des Autos folgen. Sie sprachen über Hunde.

Wir wurden von ihnen aus dem Auto geholt und in ein Haus gebracht. Und dann lernte ich den Tierarzt kennen. Zuerst hörte ich seine Stimme. Er begrüßte SIE und fragte: „Na, wen haben wir denn heute dabei?".
SIE nannte ihm unsere Buchstaben und er lachte. „Dann fangen wir mit A an", hörte ich den Tierarzt sagen. Meine Körperfunktionen setzten aus. Mein Korb flog durch die Luft. Große Hände griffen nach mir. Er holte mich aus meinem Korb und setzte mich auf einen weißen Tisch. Gottergeben blieb ich sitzen und schloss die Augen. Als eine ganze Weile nichts geschah, öffnete ich sie und schaute

dem Tierarzt direkt ins Gesicht. Er musterte mich und dann sagte er: „So ein wunderschöner Grieche! Der ist ja so glatt wie eine Bowlingkugel! Und die Farbe! So helle Tiere sind selten! So wie der aussieht, könnte er ein Wildfang sein! Er ist perfekt!".

Mit diesen Worten nahm er mich in seine großen Hände und drehte mich vor seinem Gesicht hin und her. Er bewunderte meine kräftigen muskulösen Beine und meinte: „So kräftige, muskulöse Beine hat er! Die Krallen sind genau richtig! Der Plastron ist makellos! Ein schönes Tier!".

Er setzte mich kurz in eine flache Schale, dann nahm er mich wieder hoch und sah mir ins Gesicht.

„Den Schnabel muss ich nur minimal schleifen, dann gewinnt er jeden Schönheitswettbewerb", hörte ich ihn sagen. Dann folgte die unangenehme Prozedur des Feilens. Der Tierarzt nahm meinen Kopf behutsam zwischen seine gewaltigen Finger und hielt mir dabei die Ohren zu. Die kreisende Säge strich über meinen Schnabel. Ich konnte es fühlen, aber es schmerzte nicht. Es stank.

„Schön ist er, der A", hörte ich den Tierarzt sagen und dann war es auch schon vorbei. Gerade als ich anfing, den Tierarzt zu mögen, belehrte er mich eines Besseren. Seine Finger an meinem Kopf packten mich fester, er hob mich am KOPF hoch und schob mir ein starres Rohr in den Mund. Er schob und schob, ich schluckte und schluckte, mit einem Ruck riss er das Rohr aus mir heraus und ich musste kotzen. Schnell drückte er mir das Maul zu und ich hatte die ganze ekelhafte Plörre im Mund. Mir blieb nichts anderes übrig, als meine eigene Kotze wieder zu schlucken. Das nahm ich ihm sehr übel. Ich schiss, immer noch am Kopf baumelnd, wild mit den Beinen rudernd in die Runde. Der Tierarzt lachte: „So ein tapferer Kerl! Der hat Kraft! Das hat ihm aber gar nicht gefallen! Entschuldigung, mein Großer, aber es musste sein!" Mit diesen Worten setzte er mich zurück in den Korb und stellte ihn auf den Boden.

Wieder war mir bestätigt worden, dass die Spezies Mensch abscheulich ist. Erst waren sie freundlich, schmeichelten und dann schlugen sie zu.

In meinem Korb hockend, die Sehschlitze wieder verdeckt, musste ich mit anhören, wie Pfannkuchen vom Tierarzt ausgelacht wurde, weil er wie ein Pfannkuchen aussieht. Bei ihm war die Kreissäge länger im Einsatz. Ich hörte Pfannkuchens Würgen, als er das Grauen erregende Rohr schlucken musste. Ichbinunsichtbar bekam von dem Tierarzt den Namen Höckerzwerg. Die Kreissäge war bei ihm sogar noch länger im Einsatz. Er schaffte es beim Zustoßen des Rohres zu schreien. Mir blutete das Herz.

Noch schlimmer war es, das Flehen und Weinen der Kleinen anhören zu müssen. Gefangen in einem Korb zu sitzen und ihnen nicht helfen zu können, zerriss mir mein blutendes Herz.

Irgendwann war der Tierarzt auch mit den armen kleinen Panzeräffchen fertig und es trat Ruhe ein. Vermutlich hatten alle so starke Halsschmerzen wie ich und brachten keinen Ton mehr heraus.

Stoisch die Schmerzen ertragend, konnte ich nun der Unterhaltung des elenden Folterknechts mit SIE folgen. Sie sprachen über unsere gesunde Ernährung und das damit einhergehende Schnabelwachstum. Vermutlich würden wir in Zukunft keine Korrektur mehr benötigen. Mit viel Glück könne auch das Wurmmittel vermieden werden. Dann sagten sie sich auf Wiedersehen und bis morgen.

Die Fahrt zurück ins DAHEIM gestaltete sich ähnlich wie die Hinfahrt. Geschaukel, Gerutsche, Kackegestank.

DAHEIM angekommen wurden wir von allen Seiten bestaunt und dazu gedrängt, zu berichten. Gerne hätte ich sie vor dem morgigen Tag gewarnt, aber so sehr ich mich auch anstrengte, ich brachte keinen Ton heraus. Der Hunger wühlte in meinen Eingeweiden und ich versuchte, ein Blättlein hinunter zu schlucken. Auch das war mir nicht möglich. Geschwächt, gedemütigt und mental schwer angeschlagen schleppte ich mich unter die hängenden Büsche und grub mich für den Rest des Tages ein.

Kapitel 28

3. MAI

Am Morgen war ich früh erwacht und machte Stimmübungen. Einen lauten Ton konnte ich nicht fabrizieren, aber Flüstern ging. Von meinem geschützten Platz beobachtete ich das Öffnen des fast durchsichtigen Hauses. Als SIE verschwunden war, traf ich dort Ichbinunsichtbar, der gut bei Stimme war. Offensichtlich hatte sein Schreien beim Rohrschlucken eine Verletzung des Halses verhindert. Flüsternd bat ich ihn, den bisher verschont gebliebenen und heute fälligen Kameraden den Trick mit dem Schreien zu verraten. Sogleich rief er die Neuigkeit den Kleinen auf der anderen Seite des Brettes zu, worauf sich ein Jammern und Wehklagen erhob. Dann zog er los in das vordere DAHEIM. Ich zockelte hinterher, vor Hunger war mir etwas schwindelig. Noch immer war ich nicht imstande, etwas zu mir zu nehmen. Mein Hals brannte wie Feuer. Die Wasserstelle zog mich magisch an. Ich ließ mir winzige Schlückchen durch die Kehle rinnen, das brachte Erleichterung. Nicht nur mein Hals brannte, auch meine Gedärme waren in Aufruhr. Es blubberte und gluckste in mir, dauernd entwischen mir Flatulenzen. Ich hätte gerne einen großen Haufen gemacht, hatte mich aber auf der gestrigen Autofahrt verausgabt. So sehr ich auch drückte, es kam nur warme Luft. Vom Schicksal geschlagen schwankte ich durch die Landschaft. Auf dem Terrassentisch standen die Transportbehälter für den heutigen Tierarztbesuch bereit. Heute würde es Schisser, Kopulus und Minicooper treffen. Außerdem vier der Sechslinge. Da ich nun am eigenen Leib erfahren hatte, was ihnen bevorstand, zerfloss ich fast vor Mitleid.

Am frühen Vormittag kam SIE ins DAHEIM. SIE begann zu suchen. Wie immer schaute SIE in alle Höhlen, in den Häusern, kroch durch die inzwischen hohen Pflanzen im hinteren DAHEIM und DRÜBEN. Die vier kleinen Lausebengels hatte SIE schnell entdeckt und in den Wäschekorb verpackt, aber Schisser, Minicooper und Kopulus machten es SIE schwer. Schließlich fand SIE Schisser, als er es wohl vor Hunger in seinem Versteck nicht mehr aushielt und sich kurz zeigte. Bald darauf pflückte SIE Kopulus unter einem dichten Busch hervor. Auch die beiden wanderten in Kisten. Nun fehlte SIE nur noch Minicooper. Zur Mittagszeit gab SIE auf. SIE trug die Kisten mit meinen bedauernswerten Freunden weg und kam nicht wieder. Ich freute mich sehr für Minicooper und beneidete ihn um sein tolles Ver-

steck. Sicher hatte er sich tief vergraben. Ich vermutete ihn unter den hängenden Büschen, denn dort war man durch die dornigen Zweige geschützt. Ich machte mich auf den Weg dorthin, um Entwarnung zu geben. Im Tal bei der hölzernen Brücke saß Rammbock und schaute mir entgegen. Als ich nahe genug bei ihm war, flüsterte ich ihm zu: „Weißt du wo Minicooper ist?"
Rammbock strahlte wie ein Sonnenblümchen und nickte so heftig, dass mir vom Zuschauen noch schwindeliger wurde, als es mir schon war. Dann stand er auf, ging ein paar Schritte zur Seite und ich konnte Minicooper sehen. Er hockte in einer Kuhle im Boden. Rammbock hatte die ganze Zeit auf ihm drauf gesessen. Nun musste ich auch lächeln. Plötzlich erklangen die stampfenden Schritte von SIE. SIE rannte förmlich den Weg entlang, sprang ins DAHEIM und krallte sich Minicooper. Diese grausame menschliche Kanaille hatte uns wieder einmal aufgelauert und Minicoopers Hoffnung zunichte gemacht. Grob riss SIE ihn in die Höhe und verschleppte auch ihn. Rammbock war außer sich, ich war tief betrübt.

Aber auch wütend. Sehr wütend. So wütend, dass ich ein Ventil brauchte. Ich war mir sicher, dass SIE zum Tierarzt unterwegs war, und so ließ ich meine Wut an den lockeren Holzpfosten aus. Immer wieder dotzte ich dagegen, Rammbock kam mir zur Hilfe und zu zweit bearbeiteten wir die Pflöcke, bis sie ausreichend schief standen. Rammbock wollte sie ganz kurz und klein schlagen, aber ich konnte ihn bremsen. Wispernd klärte ich ihn auf, dass der Schaden von SIE nicht bemerkt werden durfte, ansonsten würde SIE sie neu befestigen. Ich weiß nicht, ob er den Sinn dahinter verstand, aber er gehorchte. Ich war ausgelaugt und der Hunger peinigte mich. Also zupfte ich besonders zarte Pflänzlein aus und würgte sie hinunter. Das Schlucken schmerzte nicht mehr so sehr.

Rammbocks Wut war noch nicht verraucht und er strotzte geradezu vor Kraft. Ich schickte ihn in die Höhle der steinernen Schildkröte, dort konnte er mit dem Bau eines Verbindungstunnels zwischen DAHEIM und DRÜBEN beginnen. In einer Entfernung von etwa zwölf Schildkrötenlängen genau in westlicher Richtung lag eine Höhle der Kleinen. Wenn Rammbock als Tagesleistung zwei Schildkrötenlängen bewältigen könnte, wären wir in sechs Tagen mit der Lausebande vereinigt und könnten das Weite suchen. Die geniale Idee mit dem Tunnel hatte ich gerade in diesem Moment geboren und als ich noch einmal darüber nachdachte, entdeckte ich sofort den Fehler. SIE würde den Erdaushub bemerken und den Tunnel finden. Sofort rannte ich Rammbock hinterher.

Natürlich hatte er schon zu graben begonnen. Die exakte Grabrichtung hatte er gefunden, so dumm war er nicht. Aber die Erde hatte er, wie von mir befürchtet, achtlos hinter sich in den Eingang geworfen. Das Problem mit dem Abtransport der Erde musste erst geklärt werden. Das verstand Rammbock auch sofort und stellte das Arbeiten ein. Ich sagte ihm, dass wir einen kühlen Kopf bewahren müssen und Rammbock strebte umgehend der Wasserschale zu, um dies in die Tat umzusetzen.

Ich bestieg nun den Aussichtshügel, um die Ausrichtung des Fluchttunnels zu überprüfen und eine Lösung für die Beseitigung des Erdaushubs zu ersinnen.... Es gibt Probleme, für die gibt es keine Lösung. Mir fiel nichts ein, womit man die Erde hätte transportieren können. Es blieb nur die Möglichkeit, sie großflächig zu verteilen. Ich verwarf die Idee mit einem Fluchttunnel wieder. Das Umtrampeln der Pflanzen zur Errichtung einer Pflanzenleiter war die weitaus bessere Idee und auch durch die Kleinen umsetzbar.

Meine Kehle schmerzte immer weniger, mein leerer Magen immer mehr. Ich rutschte vom Hügel und machte mich über die Pflanze her, die ich Federblume nannte. Die hatte ich erst vor ein paar Tagen entdeckt und sie war sehr wohlschmeckend. Überraschenderweise linderte sich der Schmerz durch das Hinunterschlucken augenblicklich. Je mehr ich aß, desto weniger tat es weh. Mein Hunger war gewaltig, die Pflanze war es auch. Nach ein paar Minuten waren die Halsschmerzen, mein Hunger und die Pflanze weg.

Meinen Mittagsschlaf verbrachte ich in der Höhle unter dem Aussichtshügel mit direktem Blick auf das gelbe Haus. So wachte ich im gleichen Augenblick auf, als SIE das DAHEIM betrat und meine Kameraden zurück brachte. Schisser, Minicooper und Kopulus hatten einen bezaubernden Gesichtsausdruck und lächelten breit. Auch ihre Stimme hatten sie nicht verloren und ihre Hälse schmerzten nicht. Begeistert berichteten sie, dass sie gemeinsam die Hymne der Freiheit gesungen hätten und dadurch das Rohr geradezu in ihre

Schlünde geflutscht wäre. Ich war so stolz auf sie. Statt zu schreien, wie es Ichbinunsichtbar geraten hatte, hatten sie unsere Hymne geschmettert. Meine Patrioten.

Sie waren sehr hungrig, da sie den ganzen Morgen in den Kästen hocken mussten, bzw. unter Rammbock. Ich gab ihnen noch einen Treffpunkt für die Nacht mit auf den Weg, ich wollte am Abend mit ihnen die Flucht im fast durchsichtigen Haus besprechen.

Tatsächlich trafen wir uns schon am späten Nachmittag im fast durchsichtigen Haus. Das Wetter hatte sich wieder einmal verschlechtert, es war kühl und regnete immer wieder. Flüsternd, damit uns die Kleinen nicht hörten und weil ich immer noch nur flüstern konnte, trugen wir die Ergebnisse unserer Recherchen zusammen. Wir hatten eine Pflanzenleiter zur Verfügung, außerdem die lockeren Pfosten. Schisser, unser Baumeister, hatte den lockeren Sand unter einigen Steinen entfernt, so dass eine große Lücke unter einem Grenzbrett im hinteren DAHEIM entstanden war. Schlau wie er war, hatte er die Lücke mit ausgerissenen Pflanzen verdeckt. Und dann war da noch der Baumstamm, den zu bewegen wir imstande waren. Die Kleinen konnten leicht über die Pflanzenleiter von DRÜBEN nach DAHEIM klettern. Unserer Flucht stand nichts mehr im Weg. Euphorisch ging ich an diesem Abend schlafen, morgen würden wir fliehen und bald in Griechenland sein.

Kapitel 29

4. MAI

Prasselnder Regen weckte mich. Es schüttete wie aus Kübeln, so laut, dass man sein eigenes Wort nicht verstehen konnte. Pausenlos. SIE warf uns irgendwann eine große Portion Futter herein, das fast durchsichtige Haus konnte niemand verlassen, es hätte uns weggespült. Der Regen hielt in unverminderter Stärke den ganzen Tag an. Das fast durchsichtige Haus zeigte Schwächen, in der Mitte tropfte es kräftig herein. Glücklicherweise blieben die Sonnenplätze trocken und wir mussten nicht frieren. Wir aßen das ganze Grünzeug auf und hatten immer noch Hunger. Um die Mittagszeit bekamen wir noch eine Portion von SIE hereingeworfen und auch dieses Mal verputzten wir alles. Trotz der riesigen Menge, die ich verspeist hatte, litt ich heute nicht unter Bauchkrämpfen. Nicht der geringste Schmerz störte meine Geistesleistung und so präsentierte mein Gehirn einen neuen sehr nützlichen Vorschlag: Ich würde erst einmal alleine ausbrechen und die nähere Umgebung auskundschaften. Da das DAHEIM in einem großen Garten lag, vermutete ich eine weitere Einfriedung, die es zu überwinden galt. Es wäre fatal, mit der ganzen Truppe vor einem unüberwindbaren Hindernis zu scheitern. Da, wie gesagt, der Regen den ganzen Tag auf das Dach einprasselte, war an einen Aufenthalt im Freien nicht zu denken. Am Nachmittag kam eine dritte Portion Essen und am Abend eine Vierte. Pumperlsatt und ohne Bauchschmerzen schlief ich am Abend im Kreise meiner Kameraden ein.

Kapitel 30

5. MAI

Mitten in der Nacht öffneten sich die Falltüren! Dröhnende, fremde Schritte entfernten sich! Kalte, feuchte Luft umströmte mich. Geschockt hielt ich den Atem an, bis die Schritte verklangen. In völliger Dunkelheit verharrte ich, bis die ersten Vogelstimmen den nahenden Morgen verkündeten. In der ersten Dämmerung wagte ich mich hinaus. Entgegen jeder Gewohnheit fand ich keinen Schlechtwetter-Futterberg vor. In diesem Moment gingen die Sonnen auf und zogen mich wie immer, wenn ich fror, magisch an. Schnell platzierte ich mich darunter bevor mir meine erwachenden Freunde den besten Platz streitig machen konnten. Bald darauf lagen wir gestapelt in der Sonne. Ich teilte meinen Kumpeln das Vorhaben eines Alleinganges mit und sie zeigten sich darüber erfreut. Sie würden in meiner Abwesenheit die Stellung halten und sich in der Zwischenzeit stärken. Schisser freute sich wie Bolle, dass ich seinen Fluchtweg benutzen wollte. Meine Glieder hatten sich mittlerweile aufgewärmt, mein Stoffwechsel war in vollem Gange, Leibschmerzen quälten mich nicht und ich fühlte mich stark wie nie. Die Himmelsonne beschien bereits das hintere DAHEIM und Schisser begleitete mich zu dem Fluchttunnel. Nach dem Entfernen der vertrockneten Pflanzen musste ich leider feststellen, dass Schisser meine gewaltige Größe unterschätzt hatte. So sehr ich auch schob und drückte, ich passte nicht hindurch. Schisser musste sich noch einmal an die Arbeit machen. Seine Prognose für die Dauer der Grabung lautete mindestens den ganzen Vormittag. Ich versprach ihm, ihn mit Frühstück zu versorgen und machte mich auf den Weg in das vordere DAHEIM. Ich lief die üblichen Futterbergplätze ab, aber sie waren leer. Lediglich auf den Steinstufen wurde ich fündig. Dort fand ich eine passable Menge Kräuter, von denen ich einige zu Schisser bringen wollte. Ich raffte zusammen, was ich im Maul tragen konnte und bat auch Ichbinunsichtbar und Flaschenöffner um Hilfe. Zu dritt marschierten wir zu Schisser und versorgten ihn. Den Rest des Vormittags weidete ich genüsslich und schaute meinen Freunden zu. Die vertrieben sich die Zeit mit Fressen, hintereinander her rennen und Liebe. Von den Kleinen schallte Gelächter, Panzerklopfen und die Hymne der Freiheit zu mir herüber.

Zur Mittagszeit pilgerte ich zu Schisser, um die Fortschritte gebührend zu bewundern. Tatsächlich war die Lücke zwischen Stein und

Brett groß genug für mich. Gemeinsam bissen wir mühevoll die dicken Stämme einiger der hohen Pflanzen durch und drapierten sie über der Fluchtlücke. Schisser trollte sich in das vordere DAHEIM, er hatte großen Kohldampf, sogar ich konnte seinen Magen knurren hören. Ich grub mich voller Vorfreude auf die Expedition zu einem stärkenden Schläfchen unter den hängenden Büschen ein.

Ein appetitanregender Duft weckte mich. Ich grub mich aus und fand mich in einem Meer von rosafarbenen Blüten. Die Knospen meines Fressbusches hatten sich geöffnet und hingen direkt vor meinem hungrigen Magen. Ohne auch nur einen Schritt zu gehen, konnte ich zehn Blüten erreichen, die ich mir sofort einverleibte. War das gut. Ich verfiel in einen Fressrausch und verschlang alle Blüten, die ich erreichen konnte. 100 Blüten später war ich voll und verspürte den Drang, dies zu ändern. Ich drückte ein wenig und entledigte mich einer prächtigen Wurst. Überrascht bestaunte ich mein Werk, eine geformte Ausscheidung hatte ich schon lange nicht mehr gesehen. Da nun wieder ordentlich Platz in mir war, konnte ich noch einige Blüten nachschieben. Die Zuckerzufuhr verlieh mir Kräfte, wie ich sie noch nie gefühlt hatte. Eine Abenteuerlust packte mich, die Freiheit lockte und schnell sauste ich zu der Fluchtlücke und zog die Pflanzen beiseite. Ich schlüpfte unter dem Brett hindurch und war DRAUSSEN. Mein Herz klopfte wild, ich war wie berauscht von meinem Erfolg. Siedend heiß fiel mir ein, dass ich die Pflanzen nicht wieder vor das Loch schaffen konnte und es jetzt für jedermann und SIE sichtbar war. Also kroch ich zurück, zog die Pflanzen wieder vor die Lücke und holte mir Verstärkung. Schisser kam mir schon entgegen, musste sich aber erst noch ausgiebig mit meinen Fressbuschblüten vollstopfen. Ich gönnte es ihm, er hatte eine Belohnung verdient. Solidarisch nahm ich auch noch einige Blüten zu mir. Schisser bemerkte dann bald meine Ungeduld und folgte mir zum untertunnelten Brett. Ich zwängte mich durch, er bedeckte das Loch mit Pflanzen und rief mir nach, ich solle vorsichtig sein und nicht leichtsinnig mein Leben aufs Spiel setzen. „Und immer in Deckung bleiben", hörte ich noch.

Deckung gab es leider nicht viel. Rechts ein paar Pflanzen, links ein paar Pflanzen und vor mir eine große Wiese mit leidlich hohem Bewuchs. Ich entschied mich, die Wiese rechts herum zu umgehen. So konnte ich einige Schildkrötenlängen weit im Unterholz vorankommen. Hier wuchsen Pflanzen, die es im DAHEIM nicht gab und ich schnupperte interessiert. Bevor ich mich, einem niederen Instinkt folgend, auf die Pflänzchen stürzen konnte, rief ich mich zur Disziplin und gehorchte. Ich wurstelte mich durch stachelige Stämme, sehr haarige Pflanzen und kletterte über dürre Äste. Rechts von mir immer das Grenzbrett zu DAHEIM. Nach etwa 16 Schildkrötenlängen stieß ich auf einen sehr hohen Zaun. An diesem wanderte ich entlang, gut gedeckt von hohem Gras. Der Zaun war an vielen Stellen passierbar, er stellte überhaupt kein Hindernis dar. Irgendwann war dieser Zaun zu Ende und ich stand vor einer Bretterwand. Auch daran lief ich entlang auf der Suche nach einem Durchgang. Und ich wurde wieder fündig. Ein altes, vermodertes Holztürchen hing schief zwischen zwei Pfosten. Ein Rammstoß würde hier genügen, es in seine Einzelteile zu zerlegen. Und weiter ging es, links herum. Wieder ein Zaun, so hoch wie der andere, aber mit ausreichend Durchlässen für ein ganzes Schildkrötenheer. Mein Herz jubilierte, wir waren schon so gut wie in Griechenland. Immer noch zuckergedopt lief ich den ganzen langen Weg zurück und schnappte mir im Vorübergehen so manchen leckeren Snack.

Ohne dass ich es bemerkt hatte, war der ganze Nachmittag vorbei gegangen. Die Himmelsonne stand schon tief am Horizont, als ich das Fluchtloch erreichte. Ich quetschte mich hindurch, schob die Tarnung wieder davor und suchte meine Freunde. Im fast durchsichtigen Haus war niemand, also ging ich weiter nach vorne. Im vorderen DAHEIM fand ich meine Kumpels beim Weiden. Sie hatten ganz verklärte Augen und blaue Mäuler. In einem Meer aus blauen Blumen bewegten sie sich langsam vorwärts und mampften mit vollen Backen. Die letzten Himmelsonnenstrahlen erwärmten die Luft, die blauen Blüten dufteten verführerisch und ich haute mir vorm Schlafengehen noch einmal richtig den Bauch voll. Dann verzogen wir uns ins Haus und ich berichtete von DRAUSSEN. Kurz vorm Dunkelwerden näherten sich die dröhnenden, fremden Schritte und der Eingang wurde verschlossen.

Ich hätte gerne noch eine Weile über die fremden Schritte sinniert und den Grund des Fernbleibens von SIE herausgefunden, aber ich war so müde von dem heutigen Gewaltmarsch, dass ich einschlief, bevor ich den besten Platz im Schlafhaus erreichte.

Kapitel 31

6. MAI

Fluchttag! Das war mein erster Gedanke des Tages. Der zweite Gedanke galt den fremden Schritten und schon hörte ich sie. Im Dunkeln tastete ich mich zum Eingang und hoffte, einen Blick auf die fremde Person zu ergattern. Die Erde bebte gewaltig, als die Person die Steinstufen betrat. Dann wurde der Eingang freigeräumt und die größten Schuhe, die ich jemals gesehen habe, standen vor mir. Klobige, schmutzige, riesige Stiefelschuhe, in denen ein baumlanger blauer Mann steckte. Er war so groß, dass ich seine ganze Gestalt erst sehen konnte, als er sich vom Haus entfernte und mit der Dunkelheit verschmolz. Feuchte, kalte Luft drang durch den Eingang und ich kletterte über den Steinhaufen zurück ins warme Schlafhaus.

An Schlaf war nicht mehr zu denken. Mein Herz jubilierte voller Vorfreude auf die Reise nach Griechenland. Wir würden allen Gefahren trotzen und ich sah mich als heldenhafter Anführer meiner Sippe. Ungeduldig wartete ich auf den Tagesanbruch. Gleich nach dem Frühstück wollte ich mich wieder auf Erkundungsgang begeben und den genauen Fluchtweg festlegen. Mein innerer Kompass würde mich führen. Draußen wurde es dämmrig und die Haussonne erwachte mit einem Klicken. Sogleich suchte ich die wärmste Stelle auf und fläzte mich unter die Strahlen. Meine Beine waren noch ein wenig steif von der gestrigen Tour und mein Magen meldete sich vernehmlich. Als das Rumoren meiner erwachenden Freunde an mein Ohr drang, verließ ich den Steinhaufen und wanderte nach draußen zum Frühstücken. Die blauen Blumen mit den grünroten Blättern lockten mich mit ihrem bezaubernden Duft an und ich weidete ausgiebig. Nur ein kleines Stückchen weiter waren über Nacht rosafarbene Blüten gewachsen. In kürzester Zeit fielen sie mir zu Opfer. Noch ein paar Schrittchen weiter blühte es sonnengelb, doch bevor ich auch diese Blüten aufessen konnte, gesellten sich Rammbock, Schisser und Ichbinunsichtbar zu mir. Gemeinsam schmatzten wir wie kleine Schweine und stopften uns mit Köstlichkeiten voll. Als ich pappsatt war, ging ich mit Schisser zum Fluchttunnel und verließ DAHEIM. Schisser fällte neue Pflanzen, um die Lücke zu verdecken. Und wieder war ich DRAUSSEN. Zielsicher wandte ich mich nach Süden, denn direkt nach Osten konnte ich nicht gehen. Da stand ja das gelbe Haus. Also verließ ich den Garten in südlicher Richtung. Ich schlüpfte unter dem maroden Zaun hindurch und befand mich auf fremden Terrain. Schnurstracks durchquerte ich das Gebiet stur in südlicher Richtung. Wieder stieß ich auf einen lückenhaften, rostigen Zaun. Ich musste nicht lange suchen, bis ich einen Durchschlupf fand. Und wieder ein Garten, total verwildert. Ich durchquerte ihn und zu meinem Erschrecken stoppte mich ein nagelneuer grüner Drahtzaun. Ich wanderte an ihm entlang, mindestens eine Stunde. Da war kein Durchkommen. Hier wuchs extrem leckeres Zeug und ich schlemmte ausgiebig. Auf dem Rückweg ins DAHEIM sah ich zwei sehr, sehr große Tiere. Sie bewohnten ein Gebiet westlich der Gärten. Auf dem Kopf hatten sie lange Haare und ihr Schwanz bestand förmlich nur aus Haaren. Sie gaben seltsame Geräusche von sich und konnten wahnsinnig schnell rennen. Solche Wesen hatte ich noch nie gesehen. Ich versuchte Kontakt mit ihnen aufzunehmen, aber sie übersahen mich. Im hohen Gras versteckt näherte ich mich ihnen, um ihrer Kommunikation zu lauschen. Sie standen nahe beisammen und hatten ihre riesigen Köpfe zu Boden geneigt und verspeisten das Gras. Das Knirschen ihrer Zähne war ohrenbetäubend laut. Beherzt nahm ich meinen ganzen Mut zusammen, verließ das schützende Grün und trat vor sie. Das hellbraune Wesen erschrak entsetzlich, stieg mit den Vorderbeinen in den Himmel und stieß einen monströsen Schrei aus. Bei seiner Flucht erschlug es mich fast und der Boden bebte so stark, dass ich ein kleines Stück in die Höhe geschleudert wurde. Das dunkelbraune Tier dagegen stupste mich mit der Schnauze an und blies mir anschließend einen Schwall warme Luft entgegen, der mich beinahe umwarf. Dann ergriff es mit den Zähnen das Grasbüschel, auf dem ich saß und riss es aus. Jeglicher Bodenhaftung beraubt, landete ich auf dem Rücken. Sogleich ruderte ich mit allen vier Beinen, dem Schwanz und dem Kopf und erwischte das große Tier mit den Krallen. Mit solch energischer Kampfkraft hatte das Biest nicht gerechnet. Es stieg vor mir in die Höhe, krachte zurück auf den Boden, verfehlte mich nur um Haaresbreite und suchte das Weite. Die Erschütterung des Bodens verhalf mir wieder auf die Beine, und mit denselben heftig zitternd verließ ich das Schlachtfeld und begab mich in die Sicherheit des hohen Grases. Nachdem mein Adrenalinspiegel wieder auf ein normales Niveau gesunken war, überkam mich eine große Erschöpfung. Unter einem Busch vergrub ich mich, um ein wenig zu ruhen.

Ein knurrendes Geräusch weckte mich. Erschrocken lauschte ich und stellte erleichtert fest, dass die Geräuschquelle mein Magen war. Er knurrte laut vor sich hin und zog sich schmerzhaft zusammen. Ich schob mich aus der Erde und erkannte fassungslos, dass bereits dunkle Nacht herrschte. Noch nie war ich in der Nacht unterwegs gewesen. Am Himmel leuchtete eine sehr schwache halbe Sonne und unzählige kleine helle Punkte blinkten am Firmament. Um mich herum raschelte es im hohen Gras, ich hörte unbekannte Vogelrufe und lautlose Schatten flogen durch die Luft. Schleunigst vergaß ich meinen Hunger und grub mich turboschnell und sehr tief ein.

Die
Flucht

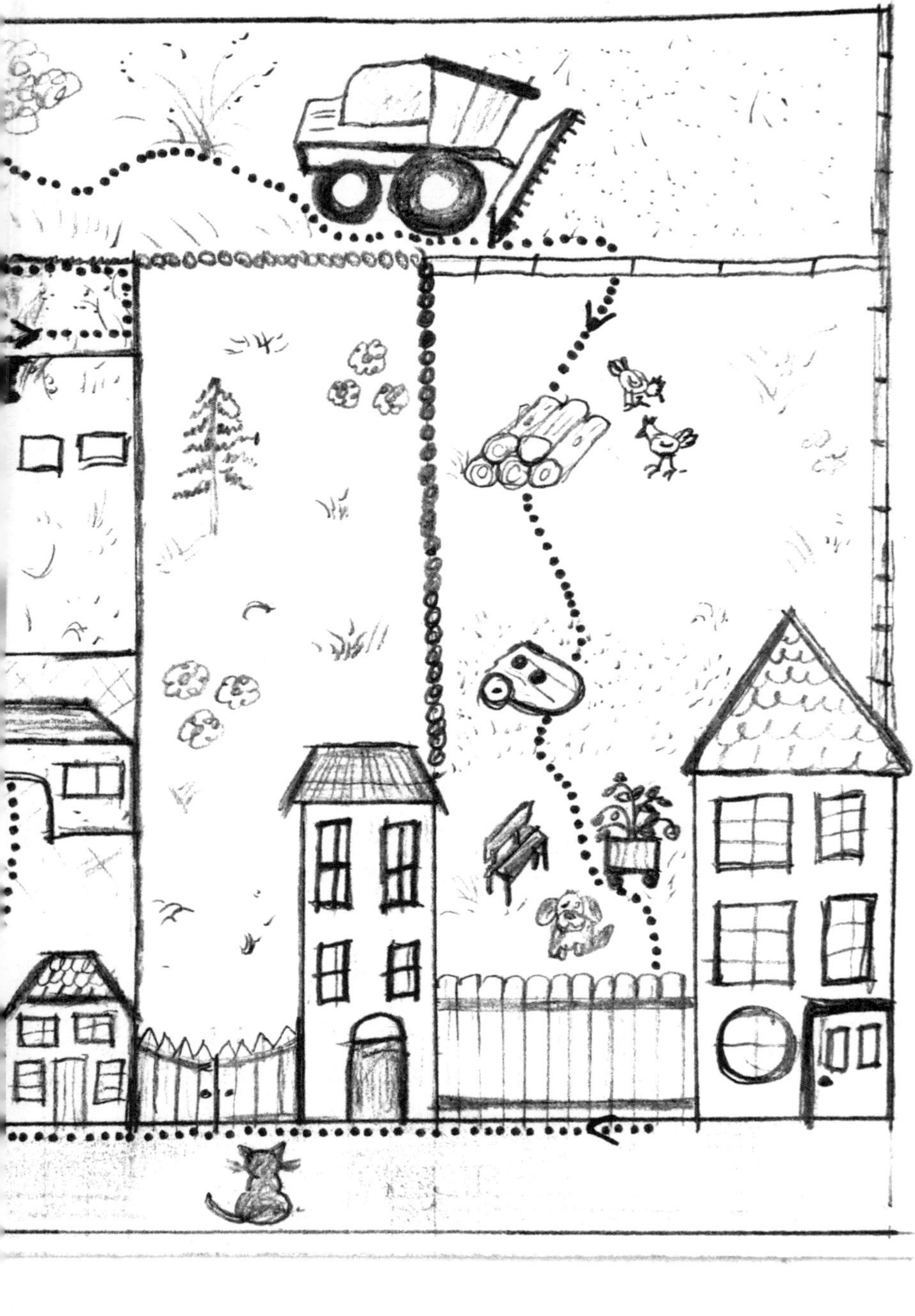

Kapitel 32

7. MAI

Die Erde bebte, zitterte, dröhnte und riss mich aus dem Schlaf. In meiner Schlafhöhle bröckelten die Wände, auf meinen Panzer wurde plötzlich großer Druck ausgeübt und ich wurde tief und tiefer in den weichen Bodengrund gepresst. Instinktiv schaufelte ich mit den Beinen und schuf einen Hohlraum um mich, der mir das Atmen ermöglichte. Dann ließ der Druck nach, das Dröhnen entfernte sich und auch die Erde bebte nicht mehr so stark. Bevor sich mein Herz beruhigen konnte, näherte sich der unbeschreibliche Lärm wieder und auch das Zittern der Erde nahm zu. Panisch grub ich tiefer und schaffte einige Zentimeter. Dort verharrte ich, bis das dröhnende Geräusch sich immer weiter entfernte und die Erde wieder stillstand. Nach einer Ewigkeit, die ich lauschend in meiner Grube saß, wagte ich es, mich nach oben zu graben. Vorsichtig streckte ich den Kopf an die frische Luft und sah mich staunend um. Ich konnte kilometerweit sehen. Wo gestern noch hohes Gras im Wind wogte und mir die Sicht nahm, gähnte jetzt nur noch ein stoppeliges Feld. Am westlichen Horizont erstreckte sich eine blaue Bergkette. Im Osten lagen die Gärten mit meinem DAHEIM. Der Weg nach Norden und nach Süden war frei, kein Zaun, keine Mauer, kein Hindernis.

Schwach vor Hunger machte ich mich auf den Weg zu meiner Familie. In vollem Tempo überquerte ich das freie Gelände und konnte mich bald in dichtem Gestrüpp verkriechen. Hier fand ich auch etwas zum Frühstücken und kam langsam zur Ruhe. Das soeben Erlebte hatte mich erschüttert. Ich konnte mir nicht erklären, was geschehen war. Aber ich wusste, dass ich nur knapp überlebt hatte. Was auch immer die Erde zum Beben gebracht hatte, es musste gewaltig sein. Die Flucht in westlicher Richtung hakte ich ab, es war viel zu gefährlich, 18 Schildkröten, von denen einer gehbehindert war, an den bösartigen und schreckhaften Wiesentieren und dem geheimnisvollen Dröhn-Beb-Monster vorbei zu führen.

Dem Himmelsonnenstand nach zu urteilen machte ich mich zur Mittagszeit auf, zu meinen Kameraden zurückzukehren. Bestimmt waren sie schon in heller Aufregung. Ich hoffte, dass sie keinen Suchtrupp losgeschickt hatten. In Richtung Osten wanderte ich los. Das Gestrüpp wurde immer dichter, ich kämpfte mich hindurch, musste aber auch viele Umwege in Kauf nehmen. Ein dicker Baumstamm lag im Weg, über den ich nicht klettern konnte. Ein Teich musste umgangen werden. Als die Himmelsonne sank, hatte ich das DAHEIM noch nicht erreicht, und so musste ich für die Nacht einen Schlafplatz finden. Im letzten Licht des Tages fand ich einen Holzschuppen, neben dem ein Holzstapel lagerte. Dort kroch ich in einen Spalt und schlief hungrig ein.

Kapitel 33

8. MAI

Scharrende Geräusche, Gackern und Federgeknister weckte mich am sehr frühen Morgen. Versteckt in meinem Holzstapel konnte ich großen Vögeln zusehen, wie sie mit den Füßen auf dem Boden scharrten und mit ihren spitzen Schnäbeln in die Erde pickten. Viele Körner lagen dort und auch Salat, wie ich ihn aus dem Gefängnis kannte. Beim Anblick der Salatblätter meldete sich augenblicklich mein Magen und verlangte danach. Steifbeinig kroch ich unter dem Holzstapel hervor und grüßte freundlich nach rechts und nach links. Zielstrebig marschierte ich zu den Salatblättern und biss herzhaft hinein. Im nächsten Moment verspürte ich einen heftigen Schmerz im Nacken. Gleich darauf bekam ich mehrere Schnabelhiebe auf den Panzer. So schnell ich konnte rannte ich zurück zu dem Holzstoß und verkroch mich darin. Die Vögel hatten mir bei der Verfolgung noch mehrmals in den Panzer gehackt und auch mein rechtes Hinterbein war getroffen worden. Schwer atmend klemmte ich zwischen den Stämmen und versuchte mich weiter hineinzuschieben. Die Vögel waren knapp hinter mir, konnten mich aber nicht mehr erreichen. Da saß ich nun, zitternd, mit schmerzendem Nacken und blutendem Bein. Eingeklemmt in einem Holzstoß und bewacht von einer Schar blutrünstiger Vögel. Ich versuchte ein Wendemanöver, um nach draußen schauen zu können. Zentimeterweise und unter Aufbietung meiner ganzen Kräfte schaffte ich es, mich so weit zu drehen, dass ich die Vögel im Auge behalten konnte. Sie hatten inzwischen das Interesse an mir verloren und pickten wieder ihr Futter auf. Ich schob mich noch ein Stückchen weiter und konnte mich jetzt vollends drehen. Doch kaum streckte ich den Kopf nach draußen, wurde ich sofort attackiert. Schockiert zog ich mich soweit es ging in den Holzstapel zurück. Noch mehrmals startete ich den Versuch, mein Versteck zu verlassen, aber die aufmerksamen Vögel vereitelten meine Flucht jedes Mal. Ich musste wohl oder übel mit knurrendem Magen in meinem Gefängnis ausharren, bis die Vogelgang den Tag beendete. Mein Magen hoffte, dass die Bande einen Mittagsschlaf hielt, denn der Bissen von dem völlig geschmacksneutralen und nährwertlosen Salat hatte mich nicht annähernd satt gemacht. Ich beschloss, bis zur Mittagszeit zu schlafen und schloss meine Augen – um sie sofort wieder aufzureißen. Übelster Gestank hüllte mich ein und ich blickte direkt in die Nasenlöcher eines Hundes. Nur wenige Zentimeter von meinem Kopf entfernt sogen diese

Nasenlöcher die Luft ein. Mit aller Kraft schob ich mich rückwärts noch ein wenig tiefer. Der Holzstapel wankte bedrohlich und vor meinem inneren Auge sah ich die Holzstämme in alle Richtungen davonrollen. Schildkrötengott sei Dank hielt das Konstrukt, aber ich hatte nun die volle Aufmerksamkeit des Hundes. Er scharrte an den Stämmen, stellte sich daran hoch und präsentierte mir dabei sein gewaltiges Ding. Plötzlich ertönte ein Pfiff. Mit einem Mal war der Hund verschwunden und der Boden begann zu beben. Die Erschütterungen waren so stark, dass die Holzstämme vibrierten und sich ein wenig komprimierten. Dadurch vergrößerte sich mein Sichtfeld und damit leider auch die Aussicht auf einen qualvollen Tod zwischen den Reißzähnen des Hundes. Auch die Vögel mit ihren messerscharfen Schnäbeln wären jetzt wohl imstande, zu mir vorzudringen. Doch vorerst kümmerte sich niemand mehr um meine Existenz. Das Zittern der Erde erreichte einen Höhepunkt und verebbte langsam. Die beiden riesigen Wiesentiere trabten heran, ein Mann mit einer Schubkarre und der Hund kamen hinzu und die Vögel, die aufgeschreckt herumflatterten, kamen wieder zur Ruhe. Der Mann begann mit Besen und Schaufel die Erde zu reinigen und öffnete dann ein großes Tor zu einem umzäunten Gelände. Hund, Wiesentiere und Vögel folgten ihm und der Schubkarre und das Tor wurde von ihm wieder geschlossen. Das war meine Chance. So schnell ich mit meinem verletzten Bein konnte, kroch ich aus dem Holzstapel und trat den Rückzug an. Ich rannte um mein Leben über die offene, für jeden einsehbare Fläche und erreichte mit letzter Kraft, mein Bein hinter mir herziehend, einen großen dampfenden Haufen, der aus Stroh, Erde, halbverwelktem Grünzeug und Kacke bestand. Maulwurfsschnell vergrub ich mich darin und verschloss hinter mir sorgfältig den Eingang mit dem Mist. Hier konnte ich auf die Nacht warten und mich im Schutze der Dunkelheit davon machen.

Lange, sehr lange saß ich in meiner stinkenden Höhle fest. Mein Magen war sehr unzufrieden mit der Leere, die in ihm herrschte, aber dann kamen mehrere freundliche Regenwürmer vorbei und fanden den Weg zu ihm. Nachdem ich lange keine Geräusche und auch keine Erschütterungen des Bodens mehr wahrgenommen hatte, wagte ich mich nach draußen. Wie erwartet, war es dunkel. Keine Nachtsonne leuchtete, keine hellen Punkte waren am Himmel zu sehen. Es war dunkel wie in einem Sack. Und es war still. Ich hörte keine Vogelstimmen, kein Rascheln, kein Knistern, nur mein Blut rauschte in meinen Ohren. Ich lauschte angestrengt in die Dunkelheit, hob witternd die Nase und musste feststellen, dass ich nicht wusste, in welcher Richtung das DAHEIM lag. Aber in dem stinkenden Haufen konnte ich nicht bleiben. Also tapste ich vorsichtig los. Ein leichter Wind kam auf und trug mir die Ausdünstungen der Wiesentiere und den beißenden Duft der Vögel zu. Der üble Gestank nahm ab, je weiter ich mich voran tastete. Nach einer Weile veränderte sich der Bodengrund, ich lief jetzt auf kurz geschnittenem Gras. Das Gras roch, als wäre es frisch geschnitten. Plötzlich hörte ich ein Summen. Dieses Geräusch war mir fremd und es wurde lauter. Gleichzeitig begann der Boden leicht zu vibrieren. Mir wurde Angst und Bange und wieder einmal rannte ich los.

Blind flitzte ich voran, das unheilvolle Summen im Nacken. Endlich erreichte ich das Ende des Rasens, ich fühlte Steine unter meinen Füßen und genau in diesem Moment wurde es hell. Mehrere kleine Sonnen erleuchteten das Gras – Gebüsche, Bäume, ein Tisch, Stühle und Topfpflanzen tauchten aus der Dunkelheit auf. Ich hechtete unter einen hölzernen Pflanzkasten und schob mich, soweit ich konnte darunter. Hier war ich vorläufig in Sicherheit. Schwer atmend lugte ich unter dem Kasten hervor. Auf dem Rasen sah ich ein kleines Mähmonster herumlaufen. Es hatte die Verfolgung aufgegeben. Beim Anblick der blitzenden Messer wurde mir ganz schwindelig. Wieder war ich nur knapp einem grausamen Tod entkommen.

Während mein Atem sich langsam beruhigte, erlosch das Licht. Wieder saß ich in völliger Dunkelheit, fühlte mich aber relativ sicher. Weder der Hund, noch die Vögel und schon gar nicht die Wiesentiere konnten mich hier zerfleischen, zerpicken oder zertrampeln. In den Fugen zwischen den Steinen wuchsen kümmerliche Pflanzen, die ich auszupfte und gierig verschlang. Sehnsüchtig dachte ich an meinen blühenden Fressbusch und versuchte, mir den Geschmack der Blüten ins Gedächtnis zu rufen. Morgen musste ich unbedingt den Heimweg finden. Bestimmt war meine Familie in heller Aufregung. Beim Gedanken an meine Artgenossen musste ich weinen. Ich vermisste sie so sehr. Mental total erschöpft zog ich mich in meinen Panzer zurück, um den Morgen abzuwarten.

Kapitel 34

9. MAI

Ein eigenartiger Geruch weckte mich. Ein wenig verbrannt, aber doch aromatisch. Vorsichtig reckte ich meinen Kopf, um im hellen Morgenlicht meine Umgebung zu mustern. Ich saß in einer Sackgasse fest. Anhand des Himmelsonnenstandes konnte ich ermitteln, dass südlich von mir ein Haus stand, ich sah die Tür und ein Fenster und nördlich von mir war eine hohe Mauer. In östlicher Richtung befand sich ein stabiles hölzernes Tor. Aus Westen war ich gekommen, aber dort wollte ich in meinem ganzen Leben nicht mehr hin. Ich musste einen anderen Weg nach DAHEIM suchen. Sehr weit konnte ich eigentlich nicht davon entfernt sein. Ich war vielleicht zwei oder drei Stunden südwärts gelaufen, dann ein oder zwei Stunden nach Westen. Bei meiner Flucht vor dem Dröhn-Beb-

Monster hatte ich ein wenig die Orientierung verloren, aber trotzdem konnte ich nicht weiter als vier Stunden von DAHEIM entfernt sein. Behutsam schob ich mich noch ein Stückchen weiter nach vorne, um mehr zu sehen. Nun konnte ich das hölzerne Tor in voller Größe sehen und auch den Spalt darunter – ausreichend groß für meinen hohen Panzer. Und dann sah ich vier schwarze Katzenfüße in einem mir wohlbekannten Humpelschritt an dem Tor vorbeilaufen. Jetzt war ich mir sicher – ich war ganz in der Nähe von DAHEIM. Gerade wollte ich losstürmen, unter dem Tor hindurch und der Humpelkatze hinterher, als sich die Tür des Hauses öffnete und der Hund heraussprang. Schnell wie der Blitz rutschte ich unter meinen Holzkasten, bis ich die Wand am Hintern fühlte. Und schon schob sich die Hundeschnauze darunter und ich wurde von einer Wolke aasgeschwängerter Luft eingehüllt. Mir wurde übel und mein Mageninhalt hätte mich fast in der falschen Richtung verlassen. Ein Pfiff, eine Stimme sagte: „Zottelaus!", und das Untier zog sich zurück. Allerdings setzte er sich direkt vor den Kasten und haute mir seinen haarigen Schwanz ohne Unterlass um die Ohren. Der Mensch, der hinter der Stimme steckte, setzte sich auf einen Stuhl, ich konnte die Füße sehen. Und da saßen die beiden dann. Der Hund machte noch einige Versuche, mich unter dem Kasten zu erwischen, aber der Mensch rief jedes Mal schnell „Zottelaus", woraufhin der Hund von mir abließ. Meine Geduld wurde auf eine harte Probe gestellt. Der Mensch saß auf seinem Stuhl, ich hörte Geklirre, Schlürfen, Schmatzen und Papier rascheln. Dem Hund konnte ich inzwischen direkt ins Gesicht sehen. Er lag vor dem Kasten auf dem Boden und schaute mich an. Nach einer gefühlten Ewigkeit fielen Brotbrocken neben dem Hund auf die Erde. Er schnappte danach und fraß sie auf. Ein Bröckchen prallte von seiner Nase ab und rollte zu mir. Gierig schluckte ich es hinunter. Das letzte Brot hatte ich im Gefängnis gegessen, es war mir nicht bekommen, aber das war mir egal. Der Hunger bohrte zu stark und ich fühlte mich schon recht schwach.

Endlich erhob sich der Mensch, pfiff nach dem Hund und verließ mit ihm zu meiner allergrößten Freude den Schauplatz. Erleichtert blickte ich ihnen nach, wie sie durch das Holztor verschwanden.
Ich wartete einige Minuten, dann machte ich mich auf den Weg. Immer an der Mauer entlang, jeden Blumenkasten als Deckung nutzend. Der Spalt unter dem Tor war groß genug für mich. Ich schlüpfte durch – und betrat eine andere Welt. Kein Baum, kein Strauch, kein Gras, keine Blumen, keine Erde! Nur Mauern und Steine und Autos. In der Luft lag noch der feine Duft der Humpelkatze. Dieser schwachen Duftspur folgte ich, lief völlig deckungslos an der Mauer entlang. Ich betete zu meinem Schildkrötengott, dass mich niemand entdeckte. Nach nur etwa 100 Schildkrötenlängen führte mich meine Nase erneut unter einem Holztor hindurch. Und dann bot sich meinem gestressten Auge ein wundervoller Anblick: Das gelbe Haus. Die schwarze Humpelkatze. Die grauweiße Katze. Die grauweiße Katze kam sofort zu mir gelaufen, begrüßte mich mit einem leisen „Miii" und stupste mich mit der Nase an. Das tat gut. Mit hochgerecktem Schwanz lief sie dann vor mir her

und ich folgte ihr vertrauensvoll. Und tatsächlich führte sie mich bis auf die Terrasse, wo sie auf einen Stuhl sprang und sich zusammenrollte. Nun musste ich nur noch an den Wänden von DAHEIM entlanglaufen bis zu dem untertunnelten Brett. Glücklich betrat ich DAHEIM, stürzte mich sofort auf meinen Fressbusch und begann, mich mit Blüten vollzustopfen.

Nachdem ich den gröbsten Hunger gestillt hatte, zog es mich zur Wasserschale, wo ich mich ordentlich satt trank. Gestärkt machte ich mich dann auf, meine Kameraden aus ihrem Mittagsschlaf zu wecken. Im fast durchsichtigen Haus wurde ich fündig. Kopulus, Rammbock und Minicooper lagen aufeinander im Schlafhaus. Es war gemütlich warm, die Vögel sangen, meine drei Freunde sahen so friedlich aus. Ich kuschelte mich an sie und schlief glücklich ein.

Getuschel und leise Gespräche weckten mich auf. Ich öffnete die Augen und im nächsten Augenblick stürzten sich meine Kumpels auf mich, herzten und streichelten mich und alle schrien durcheinander. „Wo warst du so lange? Was ist passiert? Wie geht es dir? Hast du Griechenland gefunden?", waren einige der Fragen, die auf mich niederprasselten und von DRÜBEN rief ein kleines Stimmchen:
„Hast du mir was mitgebracht?".
Gerade wollte ich anfangen, von meinen Abenteuern zu erzählen, als ich mir selbst Einhalt gebot. Zuerst musste ich das Erlebte selbst verarbeiten. Immerhin war ich in den letzten zwei Tagen dreimal in Lebensgefahr gewesen und der Schreck saß mir noch in den Knochen.

Ich bat sie, mir etwas Essbares zu besorgen und vertröstete sie auf den Abend. Bis dahin wollte ich ruhen, essen und ein Resümee ziehen. Der Nachmittag verging wie im Flug. Meine Kameraden versorgten mich mit den leckersten Blümchen, sie servierten mir winzige, knackfrische Kräuter und riesige haarige Blätter, die ich noch nie gekostet hatte. Alle waren vergnügt und aufgeregt und platzten fast vor Neugier. Die Kleinen spielten lautstarke, lustige Spiele. Ihre Stimmen waren Balsam für mich. Ich fragte meine Kameraden nach den Vorkommnissen der letzten beiden Tage und erfuhr, dass SIE verschwunden war. Stattdessen gab es jetzt einen großen blauen Mann und eine andere Frau, die aber immer nur kurz auftauchten. Sie öffneten morgens die Türen und verschlossen sie abends wieder. Ab und zu lief die Frau am DAHEIM vorbei und warf Essen über die Bretter. Ansonsten war alles sehr ruhig gewesen. Diese Neuigkeit musste ich erst einmal verdauen. SIE war VERSCHWUNDEN. Was hatte das zu bedeuten?

Der Abend kam und mit ihm meine ganze Familie. Das fast durchsichtige Haus konnte uns alle bequem aufnehmen und als endlich Stille eintrat, begann ich zu erzählen. Am Nachmittag hatte ich mir noch überlegt, ein wenig aufzuschneiden und mich als großen Held darzustellen, aber nachdem sich mein Gehirn mit meinem Herzen abgestimmt hatte, kam ich zu der Erkenntnis, dass ich meine Freunde und Kinder auf keinen Fall solchen Gefahren aussetzen durfte. Die Flucht nach Griechenland hätte so manchen von ihnen das Leben gekostet. Ich hatte mich schweren Herzens damit abgefunden hierzubleiben. Also berichtete ich wahrheitsgemäß von der feindlichen Welt und dramatisierte nur minimal.

Ich erzählte, bis die Haussonne erlosch und erst, als es draußen bereits ganz dunkel war, kam ich zum Ende. Nach meinen letzten Worten herrschte Stille, dann sagte eine unbekannte, sonore Stimme: „Ich wäre sowieso nicht mitgegangen nach Griechenland, ich bleibe hier bei SIE. Ich mag SIE. SIE heißt Rita. Hoffentlich kommt sie bald wieder."

Nach einer Sekunde Schockstarre erhob sich ein Geschrei, alle riefen durcheinander. Ein Wunder war geschehen: Stummelfuß hatte gesprochen. Alle stürmten nun mit Fragen auf Stummelfuß ein. Doch Stummelfuß schwieg, er hatte gesagt, was er sagen wollte. Für mich war es der endgültige Schlusspunkt für meine Fluchtpläne.

Nachdem sich die Begeisterung meiner Artgenossen langsam legte und die Kleinen schon lauthals gähnten, sagten wir uns „Gute Nacht", krochen übereinander und schliefen ein.

Kapitel 35

10. MAI

Ich hatte wunderbar geschlafen, war früh erwacht und genoss das Gefühl der über und neben mir ruhenden Panzer. Ich hörte die sich nähernden Schritte, das Haus wurde geöffnet. Ich hatte das Verschließen gestern Abend total überhört, so war ich mit dem Erzählen beschäftigt gewesen. Die Schritte entfernten sich wieder und für den Rest des Tages hatten wir unsere Ruhe. Ich trieb mich den ganzen Tag entspannt im DAHEIM herum, fraß, bis nichts mehr in mich hineinpasste und erzählte meine Erlebnisse im DRAUSSEN etwa 100 Mal. Meine Wunden wurden begutachtet, alle verwöhnten mich und brachten mir kleine Geschenke in Form von besonders schönen Blüten und Kräutern, die in den letzten Tagen erst gewachsen waren und die ich noch nicht kannte. Auch Stummelfuß wurde bedrängt, doch bitte noch einmal etwas zu sagen, z. B. wie das mit seinen Füßen passiert war, aber er schwieg beharrlich.

Das Wetter war an diesem Tag ganz hervorragend und eigentlich fühlte ich mich sauwohl. Den Duft der Freiheit, der ein wenig nach Hunderachen und Vogelscheiße roch, wollte ich nun nicht mehr schnuppern.

Am Abend versammelten wir uns alle im fast durchsichtigen Haus, im Schlechtwetterhaus, und alle lauschten hingebungsvoll den Geschichten, die ich gestern vergaß zu erzählen. Als die abendliche Kühle begann, in unser Schlechtwetterhaus einzudringen, wurde die Tür verschlossen und ich genoss das Gefühl der Sicherheit.

Kapitel 36

11. MAI

Auch dieser Tag begann in Harmonie und endete in Harmonie. Der Schildkrötengott schickte uns herrlichstes Wetter, unser Futter blühte in allen Farben, die weißschwarze Katze schloss endgültig Freundschaft mit uns und verließ fortan das Schlechtwetterhaus in der Nacht nicht mehr, sondern rollte sich um uns zusammen und wärmte uns. Fürsorglich wechselte sie stündlich vom DAHEIM nach DRÜBEN, um ihre Körperwärme gleichmäßig zu teilen. Der Abend verging mit dem Erzählen der Geschichten, die ich am Vorabend noch nicht erwähnt hatte. Wieder war ein Tag ohne SIE vergangen und langsam fingen alle an, sich zu fragen, was mit SIE geschehen war.

Kapitel 37

12. MAI

Noch ein Tag ohne SIE. Stummelfuß steckte meine Kameraden und mich mit seiner Traurigkeit an und wir waren alle etwas lustlos. Mir war zusätzlich sogar etwas langweilig. Ich schaute lange den Panzeräffchen beim Spielen zu. Sie spielten „Wer-hat-Angst-vorm-Pick-Hack-Vogel" und purzelten auf der Flucht vor dem Pick-Hack-Vogel übereinander und lachten sich schräg. Sie schrien „Pipi-Kackvogel" und machten Lärm. Traurig wirkten sie dabei nicht. Ich wünschte mir die Unbekümmertheit der Kindheit zurück.

Am Abend sprachen wir über SIE. Jeder hatte etwas über SIE zu erzählen. Kopulus schwärmte noch einmal von seiner Zeit in SIEs Haus. Schiefmaul und Pfannkuchen schwelgten in Erinnerungen an die dargereichten Leckerlis. Schisser merkte an, dass das DAHEIM früher sauberer gewesen sei. Rammbock und Minicooper stimmten zu. Nur Ichbinunsichtbar erinnerte sich daran, dass SIE mir mein Bein fast zerquetscht hätte. Beschämt gab ich zu, dass es vielleicht doch keine Absicht von SIE gewesen war und ich mich eventuell selbst verletzt hatte, da ich mich heftig gewehrt hatte.

„Das habe ich mir gleich gedacht.", erklang Stummelfuß' dunkle, traurige Stimme.

„So etwas würde Rita nie tun, denn sie hat ein gutes Herz."

Zustimmendes Gemurmel erhob sich und ich schämte mich noch ein bisschen mehr. Eigentlich bildete ich mir etwas auf meine Menschenkenntnis ein, aber bei SIE hatte ich wohl versagt. Ich entschuldigte mich bei meinen Kameraden dafür und sie reagierten überaus verständnisvoll. So ging der Abend friedvoll und sehr melancholisch zu Ende.

Kapitel 38

13.–16. MAI

Die folgenden vier Tage verbrachten wir mit geschäftigen Vorbereitungen. Denn Stummelfuß hatte endlich sein Schweigen gebrochen und uns verraten, dass Rita im Urlaub war. Wie lange dieser Urlaub dauerte und was ein Urlaub war, hatte sie ihm nicht verraten, aber sie hatte versprochen, dass sie bald wieder käme. Nun bereiteten wir das DAHEIM vor. Wir schlossen den Fluchttunnel und versuchten die Holzpfosten wieder gerade aufzustellen. Der Baumstamm wurde zurückgerollt und die leichte Kuhle einer ehemaligen Fallgrube wieder mit Erde aufgefüllt. Wir unterließen es, in die Wasserschalen zu kacken und düngten mit unseren prachtvollen Würstchen unsere Lieblingspflanzen. Unsere Laune besserte sich von Tag zu Tag, denn das Wiedersehen mit Rita rückte ständig näher. Die

Abende verbrachten wir alle miteinander im Schlechtwetterhaus und sangen, erzählten oder spielten Ratespiele. Die Versorgung durch den blauen Mann und die Frau klappte wunderbar, wir hatten immer frisches Wasser und bekamen auch kleine Futterberge.

Kapitel 39

17. MAI

Die Gesänge des Schwarzvogels weckten mich früh. Geborgen unter meinen Kameraden spürte ich die leichten Vibrationen der Erde und ordnete sie sofort den Schritten von Rita zu. Und tatsächlich – die Tür des Schlechtwetterhauses hob sich und ich konnte ihre Beine sehen. Auch die zweite Tür wurde von Rita geöffnet und gleich darauf konnte ich hören, dass Rita die Türen des Hauses freiräumte. Durch den Lärm, die Vibrationen und den frischen Luftzug im Schlechtwetterhaus wurden nach und nach alle wach und auch die Sonnen schalteten sich ein. Ein Raunen ging durch die Menge: Rita ist da! So schnell wir konnten verließen wir das Schlechtwetterhaus und trabten ins vordere DAHEIM. Und dann sahen wir Rita. Sie hüpfte vergnügt durch unser DAHEIM, trällerte dabei ein unmelodiöses Lied und verstreute Blüten. Nacheinander begrüßte sie uns, streichelte Köpfe, kratzte Panzer und setzte sich auf den Boden, damit alle über sie krabbeln konnten. Immer wieder gab sie uns neue Leckereien. Rita hatte im Urlaub Pflanzen für uns gepflückt. Für jeden von uns hatte sie ein schmackhaftes Geschenk mitgebracht.

Auf diesen harmonischen Vormittag voller kulinarischer Köstlichkeiten folgte ein erholsamer Mittagsschlaf, den ich in der Höhle unter dem Aussichtshügel verbrachte. Und was musste ich sehen, als ich die Augen aufmachte? SIE stellte die Wäschekörbe bereit!

„ALARM!“, brüllte ich, und raste los.

Bisher erschienene Bücher im **kleintierverlag**

€ 12,50
Mein Leben als
Wasser-schildkröte
Der etwas andere Wasserschildkröten-
RATGEBER

€ 14,80
Rita Klein
BUCHSTABEN-TIERE
Ein Schildkröten-Krimi

€ 19,80
HEIMISCHE EIDECHSEN
IM FREILAND UND TERRARIUM

€ 14,80
SMARAGDEIDECHSEN
LACERTA BILINEATA UND LACERTA VIRIDIS

€ 12,50
Kurt Orth
Die Vierstreifennatter
Elaphe quatuorlineata

€ 12,50
Thomas Klesius
Die Leopardnatter
Haltung und Nachzucht der „schönsten Schlange Europas"

€ 14,80
Dr. Carsten Schneider
Das Pantherchamäleon
Furcifer pardalis

€ 14,80
ABENTEUER HEIMISCHE
AMPHIBIEN
Ein Naturführer für
die ganze Familie
DGHT

€ 9,80
Ingo Diegel
Das Tiernamen-Buch
Liebevolle, ausgefallene und witzige
Namen für unsere tierischen Lieblinge

€ 16,80
Barbara Felde
Das Tierschutz-Kaninchenbuch

€ 9,80
Monique Müller
Ratgeber zur Haltung von
Steppenlemmingen